Klaus Bellin

Es war wie Glas zwischen uns

Die Geschichte von **Mary und Kurt Tucholsky**

vbb verlag für berlin-brandenburg

Satz und Gestaltung: Pina Lewandowsky, Berlin
Umschlaggestaltung unter Verwendung eines Fotos von
Kurt Tucholsky (1918) und eines Fotos von Mary Gerold (1919);
beide Abbildungen © Deutsches Literaturarchiv Marbach
Druck: Druckhaus Nomos, Sinzheim
Bindung: Josef Spinner Großbuchbinderei, Ottersweier

ISBN: 978-3-86650-039-6

1. Auflage 2010

Stresemannstraße 30, D–10963 Berlin
www.verlagberlinbrandenburg.de

**Man denkt oft, die Liebe sei stärker als die Zeit.
Aber immer ist die Zeit stärker als die Liebe.**

Kurt Tucholsky: *Schloß Gripsholm*

Inhalt

Mary und Kurt Tucholsky in Paris, 1928

Die Erbin

Er, Kurt Tucholsky, hatte viele Frauen. Für sie, Mary Gerold, gab es nur einen Mann: ihn. Ihre Beziehung beginnt mitten im Ersten Weltkrieg, und sie ist reich an Enttäuschungen, Verstörungen, Krisen. Sie ist beides und manchmal beides zur selben Zeit: Liebesgeschichte und Tragödie, ein Auf und Ab aus Glück und Entfremdung, Sehnsucht und Trennung. Er, unstet, widersprüchlich, oft depressiv, geht immer wieder eigene Wege, und erst zuletzt, im Abschiedsbrief vom November 1935, wird er aussprechen, was er im Grunde schon lange weiß: Er hat einen *Goldklumpen* in der Hand gehabt und sich nach *Rechenpfennigen* gebückt. Aber da ist alles zu spät und der Wille zum Leben erloschen.

Von ihm gibt es seit langem ein Bild. Es ist mit der Zeit immer kräftiger, schärfer, nuancierter geworden. Es gibt Einzelbände und Werkausgaben, auch seine Briefe. Tucholsky, politischer Publizist, Feuilletonist, Satiriker und Lyriker, gehört zu den herausragenden Schriftstellern des zwanzigsten Jahrhunderts. Aber wer war sie, Mary, die Frau, die lange an seiner Seite war und die er zur Alleinerbin bestimmte? Ihr Name steht in fast allen Sammlungen, die zwischen 1950 und 1985 erschienen. Sie baute das Archiv auf, und sie hat sich leidenschaftlich um die Verbreitung seiner Schriften gekümmert. Tucholskys Nachruhm ist ihr Werk. Und dennoch weiß man von ihr beinahe nichts.

Sie war zurückhaltend. Sprach nie über sich. Mied die Öffentlichkeit. Mied auch die Medien. Sie gab keine Interviews und ließ sich nicht filmen. Die Versuchung, sie nach diesem und jenem zu fragen, war mitunter groß, aber solche Neugier verkniff man sich besser. Dabei gab es Unklarheiten in Hülle und Fülle. Da war, zum Beispiel, ein Foto, aufgenommen 1928 in Paris, wahrscheinlich die letzte Aufnahme des Ehepaars. Sie steht, eine Dreißigjährige, an ein Möbelstück gelehnt, den linken Ellenbogen leicht aufgestützt, das Gesicht zur Kamera, in den schmalen Augen Selbstbewusstsein und Würde. Unter ihr, auf dem Stuhl, Tucholsky. Dunkler Anzug, Weste und gemusterte Krawatte, das vertraute Bild. Der Blick jedoch seltsam ernst. Abwesend. Leer. Das Foto, seit es 1961 in einer Bildbiografie zu sehen war, gab Rätsel auf. Man sah ein Paar wie aus entfernten Welten, seltsam fremd, beziehungslos, aber man hatte keine Geschichte dazu. Die Geschichte musste man sich sehr viel später mühsam zusammenreimen. Mary Tucholsky schwieg.

Über Privates zu reden, lehnte sie strikt ab. Was zählte, war das Werk, und so blieb es bis zum Schluss. Sie gab jedem Auskunft, der etwas über den Autor Tucholsky wissen wollte. Sie half mit Büchern, lud ein in ihr Häuschen nach Rottach-Egern. Manchmal kam sie nach Berlin, zog in ein kleines Hotel in der Nähe des Kurfürstendamms, und am Sonntagmorgen ging sie die wenigen Schritte zum Café Kranzler, wo sie zu einem Frühstück lud und zu längerer Unterhaltung. Sie bestellte Kaffee und Aufschnitt, ohne in die Menükarte zu blicken. Sie war höflich und kühl, eine Dame von Kopf bis Fuß, vornehm und kultiviert. Das Gespräch dirigierte sie mit ihren Fragen. Sie aß kaum etwas. Sie fragte und hörte zu. Wer sich mit Tucholsky beschäftigte, erregte ihr Interesse. Sie hatte Kontakt zu Leuten in aller Welt, in Ost und West, zu Hochschulprofessoren, Doktoranden, Studenten, Lektoren, Verlegern, Journalisten, Schriftstellern. Sie war das Zentrum eines Kosmos, der noch zu erforschen war.

Ohne ihre Hilfe kam niemand aus. Dabei blieb sie generös. Sie mischte sich, wenn es um Wertungen, Interpretationen ging, nicht ein. Sie gab keine Tucholsky-Ansicht vor, und nur als Hermann Kesten einmal forsch daherredete und den Mann, den sie kannte, verfehlte, verließ sie ihren stillen Posten und wehrte sich. Anlass ihrer Empörung war ein heftig diskutierter und umstrittener Essay, den Kesten 1957 für einen Auswahlband der Büchergilde Gutenberg geschrieben hatte und der in Tucholsky nicht mehr als einen Humoristen und »Berliner Volks-Komiker« sehen wollte. Gemeinsam mit dem Rowohlt Verlag setzte sie eine zehnzeilige Erklärung durch, die im Buch gleich nach dem umstrittenen Kesten-Text gedruckt werden musste. Der Einspruch wies darauf hin, dass »das Vorwort nicht als eine angemessene Einführung in das Werk und das Leben Kurt Tucholskys« angesehen werden könne. Es war das einzige Mal, dass Mary Tucholsky sich zu einem solchen Schritt entschloss.

In anderen Fällen begnügte sie sich damit, ihren Widerspruch leise, ganz privat zu äußern. Sie war entsetzt, als in einem DDR-Fernsehfilm, der die Geschichte Carl von Ossietzkys erzählte, der Darsteller Tucholskys ins Bild kam, ein kleiner, dicker, clownesk berlinernder Mann. Er hatte, ein Unikum, mit dem wirklichen Tucholsky nichts zu tun. Tucho, schrieb sie in einem Brief, habe nie berlinert, dafür hatte er ein viel zu geschultes Sprachbewusstsein. Damit war das Thema auch schon erledigt.

Was jenseits der Literatur lag und Persönliches streifte, war tabu. So zu denken, war ihr gutes Recht. Aber diese Haltung, die keinen Augenblick aufgegeben wurde, hat lange die Wege zu den anderen Frauen im Leben Tucholskys versperrt. Dass er sich im schwedischen Hindas niedergelassen hatte, aber den Eindruck erweckte, als kämen seine Briefe aus der Züricher Florhofgasse 1, ist lange als wohlüberlegtes Versteckspiel gesehen worden, als Vorsichtsmaßnahme, um allen Eventualitäten aus dem Weg zu gehen und die Nazis über seinen wahren Aufenthaltsort zu täuschen. Erst 1985, als Gustav Huonker die *Briefe aus dem Schweigen* vorlegte, stellte sich heraus, dass es daneben eine ganz profane Erklärung für diesen Absender gab. In der Florhofgasse 1 wohnte die Ärztin Dr. Hedwig Müller, Tucholskys Nuuna, die Freundin seiner letzten Zeit. Ebenso hatte Jahre zuvor die Mitteilungssucht der Lisa Matthias dafür gesorgt, dass seine Affäre mit ihr ins Buch kam. Und schließlich gab es ja noch das »Fröken« in Hindas, Gertrude Meyer, den guten Geist der schwedischen Jahre, Hilfe in vielen Angelegenheiten. Sie war, wie man heute weiß, nicht nur das nützliche Wesen, das nach dem Rechten sah und den Haushalt führte.

Mary Tucholsky verlor über die anderen Frauen kein Wort. Mit Hedwig Müller hat sie bis in die Sechzigerjahre freundschaftlich verkehrt. Erzählt hat sie es keinem. Den aufdringlichen Bericht der Lisa Matthias »aus dem Kintopp des Lebens«, 1962 unter dem Titel *Ich war Tucholskys Lottchen* veröffentlicht, ignorierte sie. Er war unter ihrem Niveau, nicht der Rede wert. Diskret, wie sie war, hat sie sich auch energisch gegen eine komplette Publikation der Tucholsky-Briefe gesträubt. Die knappe Auswahl, die sie selber für den 1957 erschienenen Band *Kurt Tucholsky haßt – liebt* traf, sollte genügen. Es war das erste Mal, dass man auf knapp hundert Seiten Einblick in die Korrespondenz des Schriftstellers erhielt. Unter den Adressaten meist Freunde und Kollegen, dreimal auch sie. Alles Private indes hatte sie ausgelassen. Auch der lange Abschiedsbrief vom November 1935, den man ihr damals aus Hindas mitgebracht hat, war arg gestutzt und nur in mageren Ausschnitten zu lesen.

Mary Tucholsky hat sich etwas später, als sie mit Fritz J. Raddatz die dreibändige Ausgabe der *Gesammelten Werke* edierte, noch zu einem abschließenden Briefband überreden lassen, doch weitere Zugeständnisse waren von ihr kaum zu erwarten. Raddatz drängte, Tucholskys Briefwechsel mit ihr zu publizieren. Sie lehnte ab, ließ kein Argument gelten, erwog sogar, die Schreiben zu vernichten. Es gehe niemanden etwas an und beträfe nur sie und Tucholsky, keinen Menschen sonst. An dieser Meinung hielt sie unbeirrt fest, und es dauerte Jahre, bis sie, welch Wunder, doch noch nachgab. An einem Wintertag, erzählt Raddatz, war es so weit. Er verließ das Haus in Rottach-Egern mit einem alten Lederkoffer, in dem die Briefe lagen, Marys Leben. »Ihr Gesicht im Türrahmen, ganz wehmütig – jung plötzlich und zugleich ganz alt –, hoffnungsleer, blieb tränenlos; abermaliger allerletzter Abschied von Tucholsky.«

Der Band mit den Briefen erschien im Oktober 1982 im Rowohlt Verlag. Er erzählt, wie es gewesen ist. Wie die Liebe begann und was aus ihr wurde. Freilich: Es gibt in diesem Buch kein Gespräch, keinen Austausch, nur einen Monolog. Man hört allein ihn, den Mann, hört seine Berichte, Erklärungen, Fragen, Klagen, Ratschläge, Verzweiflungen. Sie, Mary, bleibt stumm. Sie hat der Publikation ihrer Schreiben nicht zugestimmt. Und daran ließ sie nun wirklich nicht rütteln.

Ihre Briefe und Tagebücher, soweit sie von ihr nicht vernichtet wurden, gelangten mit dem Nachlass Tucholskys nach Marbach ins Deutsche Literaturarchiv. Sie liegen dort unter Verschluss. Bekannt wurden allein Sätze und Passagen, die Tucholsky-Biograf Michael Hepp zitieren durfte. Und jene Auszüge, die im Anmerkungsapparat der Gesamtausgabe Texte und Briefe stehen.

Die authentische Mary Tucholsky gibt es nur hier, in diesen Schnipseln, diesen Ausschnitten. Sie müssen, um ihr Bild zu zeichnen, genügen. Immerhin: Wir haben damit mehr, als sie zu geben bereit war.

Kribbelnde Nerven

Der Unteroffizier Kurt Tucholsky ist gleich hellwach. Am 11. November 1917 läuft ihm eine junge Frau über den Weg, die er bisher nicht wahrgenommen hat. Seltsam, dass er sie nicht früher sah. Vor einem guten Monat sind zweihundert Mädchen aus Riga gekommen, *um beim Kriegführen zu helfen*. Er hat es, ziemlich belustigt über die ungewöhnliche Verstärkung, umgehend dem geschätzten Kollegen Hans Erich Blaich nach Fürstenfeldbruck gemeldet und hinzugefügt: *Sie können sich das Theater vorstellen: man wird an H. Manns ›Kleine Stadt‹ erinnert, wie so alles in den Grundtiefen aufgerüttelt ist. Zum Kullern. Warum lacht man nur immer über die Kaninchen so? –*

Jetzt, beim Anblick dieses Mädchens, lacht er nicht mehr. Für einen Moment treffen sich die Blicke. Er gibt den Draufgänger, den Einheimischen, den Überlegenen. Er winkt mit dem Finger, zieht seine Mütze und sagt: Komm her. *Ich war baff*, schreibt Mary Gerold ins Tagebuch, *und kümmerte mich nicht um ihn.*

Etwas später, am Nachmittag, eine zweite Begegnung. Diesmal, in der Leihbibliothek, die er führt, gibt sie sich schon nicht mehr so reserviert. Er ist, wie sie erfreut registriert, sehr liebenswürdig. Dennoch wird sie beim Abschied seine ausgestreckte Hand ignorieren.

Sie muss sich umgehend über ihn informiert haben, denn schon in der Notiz am nächsten Tag nennt sie seinen Namen. Die Tür zur Rapportabteilung steht offen, plötzlich kommt jemand herein, sie dreht sich um und muss lachen: Dr. jur. Kurt Tucholsky. Dass er ihretwegen kommt, ahnt sie nicht. Er verwickelt einen Sergeanten ins Gespräch, kehrt ihr dabei den Rücken zu und schiebt ihr in einem günstigen Moment einen Brief zu, den sie instinktiv unter einem Buch versteckt. *Ist der Mensch gerieben! Er sieht sehr gut aus und ist furchtbar mokant.*

Das Schreiben enthält eine Einladung. Es bittet um Benachrichtigung, ob sie am Abend um sieben ein wenig Sekt mit ihm trinken wolle: *Mit einem schönen Gruß in ein Paar lustiger Augen. –*

Aber die lustigen Augen bekommt Kurt Tucholsky an diesem Tag nicht mehr zu sehen. Mary schlägt die Einladung wortlos aus. Sie geht nicht hin. Natürlich nicht, wie sie schreibt.

Mary Gerold, 1916

Das Spiel ist eröffnet. Er wirbt, sie zögert. Er drängt, sie hält sich zurück, spielt auf Zeit, sendet ihm, selbstbewusst, erst einmal einen *strafenden Blick* für seine Einladung, die, weil er vermutlich ihren Namen noch nicht kennt, ohne Anrede mit der Tür ins Haus fiel.

Mein sehr verehrtes gnädiges Fräulein, schreibt er nun formvollendet und gar nicht kleinlaut zurück und räumt ein, dass der kleine Zettel eine Unmöglichkeit war und dass es nicht angeht, einer Dame zu winken, *so wie der Großsultan seiner Favoritin das seidene Taschentuch zuwirft, was dann soviel bedeutet, wie: »Komm!« – Aber Sie wollen bitte bedenken, daß Autz kein Salon ist und die hiesigen Verhältnisse nicht mit denen in einer großen Friedensstadt verglichen werden können.*

Eine Friedensstadt ist dies wirklich nicht. Man befindet sich mitten in Kurland und mitten im Krieg, wenngleich hier glücklicherweise nicht geschossen wird. Alt-Autz, etwa neunzig Kilometer von Riga entfernt, ist Etappe, weit weg von den Schlachtfeldern des Ostens. Das Kurland, ein Landstrich zwischen der Ostsee, der Bucht von Riga, Livland und Litauen, bewohnt von Letten und Deutschbalten, seit dem Ende des achtzehnten Jahrhunderts russisches Gouvernement, ist 1915 von deutschen Truppen besetzt worden. Im Juni 1916 hat das Kriegsministerium in Berlin die »Aufstellung einer Artillerie-Beobachtungsschule« bei Groß-Autz verfügt, die seit Oktober 1916 Artillerie-Fliegerschule Ost heißt.

Kurt Tucholsky, im Februar 1915 im zweiten Anlauf an der Jenaer Universität zum Doktor der Rechte promoviert, kurz darauf, im März, gemustert, ist seit dem 10. April im polnischen Suwalki als Armierungssoldat eingesetzt. Frank Thieß, der ihm dort begegnet, beschreibt ihn später als intelligenten, etwas fülligen, schmuck aussehenden Mann, der sich schon in Berlin Reitstiefel und eine anständige Uniform anschaffte und ihm, der unter den Bedingungen des Schipperdaseins furchtbar litt, zu verstehen gab, dass man durchhalten müsse, so lästig das Ganze auch sei. Im Krieg, so Tucholsky, sei der Einzelne eine Null, und es habe keinen Zweck, der Macht der Militärs mit kindlichem Ungehorsam zu begegnen.

Im August 1916 ist Tucholsky mit seiner Einheit zum Bau der Fliegerschule Ost verlegt worden. Zwar ist das Leben öde und leer, wie er im November 1917 erklärt, aber Besseres konnte ihm im Grunde nicht passieren. Die Gefahr, sein Leben einzubüßen, ist hier gering, man lebt einigermaßen bequem, und außerdem ist's eine schöne Gegend, in die es ihn verschlug.

Kurland, schreibt er seiner jüngeren Schwester Ellen im Februar 1916, sei ein wundervolles Land. Er schwärmt. *Gerade in Kurland ist das programmatisch vom lieben Gott eingerichtet*, heißt es im August 1918, wenn er, inzwischen nach Rumänien versetzt, Mary seine Sehnsucht nach der Klarheit dieser Gegend bekennt: *Farben und Luft und Wind und Wolken – ganz herrlich. Hier ist gar kein Wetter – ob es nun regnet oder die Sonne scheint … Aber da oben! Ich bin ganz närrisch, wenn ich nur dran denke. Jeder Atemzug macht Freude, ich verstehe jeden Grashalm, jede Birke sagt etwas.* In einem weiteren Brief an Mary fügt er noch hinzu: *Es ist doch ganz merkwürdig: es ist nicht mein Heimatland, aber mir ist, als wäre ich mit diesem Strich Erde vollkommen verwachsen.* Und 1920 beginnt er sein *Sentimentales Lied* mit den Zeilen: *Das war in Kurland, in leuchtender Luft – / weit hinten in stiller Etappe …*

Der Soldat Tucholsky hat sich in der ruhigen Ecke des Krieges eingerichtet. Er hat Zeit. Zeit für sich. Der Dienst lässt ihm einige Bewegungsfreiheit, er kann lesen und nutzt die Gelegenheit weidlich aus, liest Schopenhauer, Raabe, Busch, Christian Wagner, Eduard von Keyserling, Fontane, Hesse, Wassermann, Liliencron, Eichendorff und Mörike, und er kann sogar publizieren. Er entwirft das Konzept einer Soldatenzeitung, die Ende November 1916, acht Seiten stark, aus der Taufe gehoben wird. Das Blatt, dessen Schriftleiter er wird, nennt sich *Der Flieger* und erscheint vorerst in zweihundert Exemplaren, später in vierhundert und dann, 1918, sogar in tausend. Es setzt auf Humor und Ulk und sucht alles Phrasenhafte zu meiden. Tucholsky hat, womit er kaum rechnen konnte, eine Spielwiese gefunden, ein unter diesen Umständen ideales Betätigungsfeld, auch wenn er nicht nach Belieben schalten und walten kann. Die Kriegszensur ist schließlich allgegenwärtig.

Sie kenne ihn doch gar nicht, schreibt Mary Gerold und macht ihm mit dieser Erklärung die Sache leicht. Dies ließe sich doch ändern, meint Kurt Tucholsky prompt im zweiten Brief und hat nun Erfolg. Gegen einen *kleinen Gang auf dem östlichen Kriegsschauplatz* hat sie nichts einzuwenden, und so spazieren sie im Novembernebel, der alles verwischt und im Ungewissen lässt.

Hinterher, noch am selben Abend, tippt Tucholsky seine Bewunderung für sie in die Maschine. Trotz der Dunkelheit, schreibt er, habe er erkannt: *Temperament, kein Blut in den Adern, sondern Gott sei Dank und endlich einmal Champagner, kribbelnde Nerven, Gefühl für Rhythmus – Sie tanzen gut – und im ganzen jemand, der nicht den üblichen Liebhaber verdient.*

Der Mann versteht es, seine Worte zu setzen. Das merkt Mary sofort. Es imponiert ihr, schmeichelt ihr auch, doch sie rät sich, ausgeliefert ihren widersprüchlichen Empfindungen, erst einmal zur Vorsicht. Er ist älter, er ist Schriftsteller und vor allem: Er ist schon berühmt. Das Buch, das ihn bekannt machte und 1912 ein Riesenerfolg wurde, *Rheinsberg. Ein Bilderbuch für Verliebte*, kennt sie wahrscheinlich nicht, aber man wird ihr nun davon erzählt haben. Die Aura, die ihn umgibt, schüchtert sie ein.

Er, Tucholsky, ist sich bewusst, am Anfang eines steilen, sehr schwierigen Weges zu stehen.

Mary Gerold ist noch keine neunzehn Jahre alt. Sie stammt, geboren am 28. November 1898, aus einer deutschbaltischen Familie. Der Vater, ernst, streng und menschenscheu, war Buchhalter in einer Fabrik, die Mutter Erzieherin im Haus eines Landrats. Im Rigaer Elternhaus sprach man deutsch, aber sie beherrscht auch das Russische. Sie hat sich manchmal sogar als Russin bezeichnet, andererseits aber auch distanziert von »den Russen« gesprochen.

Aufgewachsen ist sie mit zwei Brüdern, aber als der Vater, den sie über alles liebte, früh starb und die Familie mittellos zurückließ, kam sie, ein Kind noch, zu einer Frau, zu der sie nie eine emotionale Bindung fand. Diese Zeit, meinte sie später, habe *viel Einfluß auf die Entwicklung meines Charakters gehabt: ich wurde selbständig und verschlossen, was man mir jetzt zu oft vorwirft.*

In Riga hat Mary Gerold die Schule besucht, das »Elementarlehrerin-Examen« abgelegt und zwei Jahre lang die Städtische Töchterschule absolviert, bis die Anstalt nach Kriegsbeginn verlegt wurde. Als deutsche Truppen Riga am 3. September 1917 besetzten, hat sie sich, wie andere Mädchen aus deutschbaltischen Familien auch, als »Hilfsdienstwillige« beim deutschen Heer anwerben lassen. Sie wird in der Fliegerschule eingesetzt, wo sie in der Rapportabteilung der Kassenverwaltung arbeitet und häufig den Telefondienst übernimmt.

Tucholsky, auf leichteres Spiel fixiert, ist auf so viel Zögern und Zurückhaltung nicht gefasst. Am 15. November 1917 schickt er Mary keinen Brief, sondern ein Gedicht. Es hat keine Überschrift, aber ein Motto: *Ich esse meine Suppe nicht! Nein! Meine Suppe ess ich nicht!* Das Gedicht beginnt mit der Strophe: *Sag ich grün, so sagst du blau – / Will ich tanzen, möchtst du reiten – / Ach! Es gilt zu allen Zeiten: / Recht hat immer nur die Frau. / Will dich jemand leise küssen: / »Wie? Mich zwingen? Ich soll müssen?« – / Und dich stößt im Mädchenrock / Immer nur der Bock / Bock / Bock.*

Zwei Tage später ein weiteres Gedicht, danach ein langer Brief, dann – *Für Mary, obgleich sie abends nicht gekommen ist* – ein Prosastück mit dem Titel *Wagenfahrt.* Da erzählt Kurt Tucholsky, wie er mit einem Leutnant im baltischen Herbst unterwegs ist. Die Kutsche rollt, die Gegend ist wunderschön, und er sieht ihr Gesicht, sieht, wie sie vor dem Spiegel steht, die Hände mit ihrem Haar beschäftigt. Seine Gedanken sind ständig bei ihr, auch auf der Rückfahrt durch die Dunkelheit. *Und ich sitze da, die Augen still in das Schwarze gerichtet, und ich kreise unablässig um das Eine, um das Eine. Es klingt, wie wenn man eine Saite angerührt hat … Gute Nacht, Prinzessin!*

Die Mühe, die er sich gibt, muss sie beeindruckt haben. Dass er sich, kaum sind sie nach einem Treffen auseinandergegangen, hinsetzt und schon wieder einen Brief schreibt. Dass er für sie dichtet. Dass er ihr Worte schenkt, wieder und wieder, schöne, lebendige, warme und leuchtende Worte. Tucholsky, bemüht, ihr die Scheu zu nehmen, tut ein Übriges und versichert, er werde niemals aus der Balance kippen. Es sei nicht das *langweilige Bedürfnis nach physischer Zärtlichkeit,* betont er, zum Äußersten entschlossen, wenn er gern ihre Hand nehmen würde, um sie zu streicheln. Er ahnt nicht, wie sehr sie sich an diese Worte klammern wird.

Am 21. November 1917, abends kurz vor neun, tippt Tucholsky den nächsten Brief. *Sie stehen am Kreuzwege, halten den Muff wie immer vor die lachenden Augen (die lügen – ja, ich weiß!) und der Wegweiser streckt seine beiden Arme aus und darauf steht: JA und auf dem andern NEIN. Der NEIN-Zeiger zeigt ins dürre Land, und es ist nichts darin. Wenigstens nichts, was uns anginge. Und der JA-Zeiger? Der JA-Zeiger zeigt in einen fröhlichen Winter. Der JA-Zeiger zeigt in seelenvergnügte Monate mit kleinen Zettelchen und großen Verabredungen, mit Geschichten und Geschichtchen … Er zeigt auf graue Nachmittags-*

Spaziergänge, die Wolken hängen ganz tief, und auf einen richtigen verliebten Mondscheinspaziergang mit knirschendem Schnee und bläulichem Widerschein. Dumme Tage, an denen man sich nicht sieht, und lustige Tage. Und heiße Tage …

Es ist das letzte Mal in diesem Jahr, dass Tucholsky ihr schreibt.

Die nächsten Zeilen an Mary stammen vom 12. Januar 1918. Neun Wochen Funkstille. Keine Begegnungen. Keine Kontakte. Eisiges Schweigen. Tucholsky, verrät Marys Tagebuch, war zu weit gegangen. Er wolle keine platonische Liebe, hat er ihr plötzlich gestanden, er wolle sie ganz. Sie war darauf nicht vorbereitet. Und bricht, erschrocken, schockiert, die Beziehung kurzerhand ab.

In Marys Tagebuch ist die Unterhaltung mit Tucholsky ausführlich wiedergegeben. Die Standpunkte unversöhnlich, Verständnislosigkeit auf beiden Seiten, das Band in Gefahr, zu zerreißen. Er hat damit gerechnet, dass aus dem freundschaftlichen Verhältnis mehr werden könnte, sie, erschüttert, aus dem Gleichgewicht geworfen, schließt das aus und schweigt über die Gründe. Der Dialog, immer erregter, endet mit einem Abschied in tiefer Enttäuschung. *Und wir reichten uns die Hand*, notiert Mary, *kühl bis in die Fingerspitzen*. Einen Tag später, am 25. November, fügt sie hinzu: *Nur nicht denken, nur nicht grübeln. Ich habe das Empfinden, schade, daß es so hat enden müssen … Aber besser jetzt als später.*

Viel später erst wird sie einräumen, dass Tucholsky es schwer mit ihr hatte. Sie war der Norden, *wo sich die Geliebte, die Frau, das Mädchen, lieber die Zunge abbeißt, als dem Mann zu sagen: Ich liebe dich! Ja, wenn er es nicht fühlt! Und er hatte einen solchen Hunger nach Zärtlichkeit, die ihm in seiner Kindheit nicht zuteil geworden war. Und ich glaubte mir etwas zu vergeben, wenn ich ihm zeigte, daß er für mich ›m e i n L e b e n‹ war!*

Die Wunden der Kindheit sind nicht verheilt. Noch als Erwachsener wird Tucholsky die Kälte spüren, die ihn einmal umgab, schaudern vor den Finsternissen der frühen Tage. Der Vater Alex ein strebsamer Mann, solides jüdisches Bürgertum, erst Buchhalter in der Berliner Handelsgesellschaft, musisch veranlagt, humorvoll, unpolitisch, aber mit deutlicher Aversion gegen Kriege (»Krieg heißt doch schließlich auf Deutsch privilegierter Mord«). Seine drei Kinder, Kurt, Fritz und Ellen, liebten ihn. Liebten das Sanftmütige seines Wesens, die Ruhe, die er ausstrahlte, die Wärme, die er ihnen schenkte. Er hatte 1887 seine Cousine Doris Tucholski geheiratet, die dann nicht nur ihn, sondern auch die Kinder tyrannisierte. Die Mutter, von Außenstehenden als klug, lebhaft und belesen geschildert, ist der Schrecken der Familie, herrschsüchtig und unzugänglich, eine Frau mit krankhaftem Putzfimmel und drakonischen Erziehungsmaßnahmen, sparsam bis zum Geiz, kalt wie ein Eisblock.

Was gibt's Neues zu Hause, will der Armierungssoldat Tucholsky im Oktober 1915 von seiner Schwester Ellen wissen und wiederholt im November die Frage. Der Bericht, den er dann liest, überrascht ihn nicht. Er enthält die üblichen Klagen über die Mutter, und so schreibt er am 6. Januar 1916: *Es ist in den Einzelheiten so langweilig und genau so eintönig, wie es schon in meiner Jugend und auch zu Papas Zeiten war: die Frau versucht eben, auf alle Fälle ihren Willen … durchzusetzen, und es ist ihr herzlich gleichgültig, ob sie dabei Leute ruiniert oder nicht. Daß sie auf Personen ihrer Umgebung Rücksicht zu nehmen hat, leuchtet ihr nicht ein. Ich meine nach wie vor, daß man sie dann eben dazu zwingen muß, wenigstens ein Mindestmaß an Anstand zu wahren.*

Tucholsky muss Mary oft von seiner Mutter erzählt haben. Nie könne er vergessen, hält sie 1918 einen seiner Berichte im Tagebuch fest, *wie eine Frau einen Mann zu Tode quält.* In seinen Urteilen kommt Doris Tucholsky nur als unzufriedene, schrille, schreckliche Person vor. 1914, wenn er eine Aufführung des Strindberg-Stücks *Scheiterhaufen* für die *Schaubühne* bespricht, wird er sich ganz auf das Spiel der Rosa Bertens konzentrieren. Er hat nur Augen für sie, für das Dämonische, das Gespenstische ihrer Interpretation. Seine Worte über Rosa Bertens, erfährt Mary nun, waren Worte über die Mutter.

Sie hatte geherrscht, heißt es in der Kritik, *fünfzehn Jahre, zwanzig, vielleicht länger, und es waren bittere Jahre gewesen. Sie hatte die ganze Zeit hindurch die Augen offen gehabt, sie, die ungekrönte Königin einer Fünfzimmerwohnung. Da war kein Scheit Holz, kein Stück Zucker, keine Scheibe Wurst, die nicht durch ihre Hände gegangen wären … Sie hockte auf ihren geretteten Scheiten Holz, die sie, vor Herrschsucht keuchend, aus dem Kamin gezogen hatte; sie stopfte sie unter das Sofa und saß knurrend da, wie ein Hund über dem Knochen. Es handelte sich gar nicht um das Holz: sie hatte ihren Willen, ihren verfluchten Willen.*

Und es war nicht das Mogeln, die Nachlässigkeit in der Erziehung und der Geiz – es war nicht das. Es war die unbändige Herrschsucht der Familienglucke, die auf Küken und Hahn gleichmäßig hackte. Früher hätte die Geliebte dem Mann die Augen zugeküßt, sodaß er nichts mehr zu sehen vermochte – nun errichtete sie die heiligen Schranken der heimatlichen Hütte, worin sie regierte. Hier war ihr Reich; und der weite Horizont war verbaut. Hier herrschte sie, herrschte mit allen Mitteln. Mit Gewalt, mit Schlägen, mit der Lüge … Der Familienversorger war da – Rechte hatte er nicht.

Tucholsky und seine Geschwister waren noch Kinder, als im Leben des Vaters eine Frau aus der Nachbarschaft auftauchte, Ida Richter, zart und sehr schön, Mutter von sechs Kindern. Sie war verheiratet mit einem Landwirt, Immobilienspekulanten und Firmenbesitzer, sie spielte Harfe und Klavier und war für die Tucholsky-Sprösslinge bald Mutter-Ersatz. Bei ihr fühlten sie sich behütet, hier lebten sie auf, und sie hätten viel dafür gegeben, wenn sich der Vater von seiner Frau und Ida Richter von ihrem Mann getrennt hätte. Aber aus den heimlichen Wünschen wurde nichts. Alex Tucholsky starb schon am 1. November 1905, als Fünfzigjähriger.

Der Sohn wird diesen frühen Tod noch 1935 betrauern. *Aber das wird alt*, sagt er dann verbittert über die Mutter. Da sind auch ihre Jahre schon gezählt. 1943 kommt Doris Tucholsky im KZ Theresienstadt um.

Hat das Verhalten der Mutter, das der Sohn nie entschuldigen, nie in milderem Licht sehen wird (und das Schwester Ellen bezeugt hat), Tucholskys Verhältnis zu Frauen geprägt oder wenigstens beeinflusst? Erklärt das verstörende Kindheitserlebnis seine unaufhörliche, nie endende Suche nach Wärme und Zärtlichkeit, auch die Furcht vor festen Bindungen, alles Unstete und Wankelmütige, die Fluchten, für die es scheinbar keine Gründe gibt? War Doris Tucholsky die Ur-Erfahrung, die beim Umgang mit Frauen, bewusst oder unbewusst, nicht auszublenden war?

Mary war die Erste, die daran nie zweifelte. *Mätzchen*, hat Tucholsky ihr im März 1918 gestanden, *ich komme zu Dir nicht nur wie zu einer Freundin, sondern auch wie zu einer Mutter.* Und später, am 19. Dezember 1918, wird er in einem sehr langen Brief Mary erklären, dass er sich bei keiner so aufgehoben fühle, *so – ich weiß nicht, wie ich das sagen soll – zu Hause. Ich entbehre meine Mutter heute noch …*

Dass man sich nach der Trennung weiterhin begegnet, ist kaum zu vermeiden. Mary Gerold und Kurt Tucholsky arbeiten unter einem Dach, sie im rechten, er im linken Teil des Stabsgebäudes. Aber erst am 5. Januar gibt es einen vorsichtigen Versuch, das Gespräch wieder aufzunehmen. Da ist es fünf Tage her, dass man sich in kleinerer Runde bei einer Neujahrsfeier sah. Mary reichte ihm zwar die Hand, *aber ich tat es sehr schnell und kalt.* Am Abend bedachte Tucholsky die anwesenden Damen mit einer kleinen Ansprache. Die Rede, notiert Mary, war kurz, geistreich und so witzig, wie sie noch keine Rede gehört hat.

Jede Frau erhielt von ihm einen Blumennamen. Mary wurde die Mimose.

Am 12. Januar schreibt ihr Tucholsky erneut: *Jemand fragt – nach einem Gewitterchen und einem Mißverständnis –, ob er einer jemand wieder die Hand drücken kann. Es wird vorgeschlagen: Waffenstillstand –!*

Nach vier Tagen wieder eine Geschichte, *Quadrille* überschrieben, eine Reflexion über den großen Gesellschaftstanz und eine *entzückende Figur* darin. *ER tanzt nach links, ganz allein, und SIE tanzt nach rechts, ganz allein – aber wenn sie sich die Hände reichen, ist doppelt stark, was vorher war. Denn nichts lehrt so sehr den Wert des andern erkennen als seine Abwesenheit. Und nach der Leere, nach dem Fremden, nach allem Intermezzo wird doppelt erkannt: es tanzt sich viel, viel besser zu zwein.*

Noch ist man beim Sie. Doch am 18. Januar schickt Tucholsky ein Gedicht, das sich ein Stück weiter vorwagt: *Gibst du dich keinem – ? Bist du nur blond und kühl? / Demütigt dich dein starkes Gefühl? / Wir sind allein.* Eine Woche später auch im Brief das Du. *Liebe Blonde,* heißt es nun, schließlich *Lieber Matz* oder *Liebes Matzlein.* Aus Mary wird Meli oder Malzen, dann, ins Männliche verwandelt, einfach »Er«, Tucholsky ist Nungo oder »Er«, und dazu gesellt sich ein fiktives gemeinsames Kind, Ludolf, ein Knabe, der hin und wieder spaßhaft durch die Briefzeilen geistern darf.

Tucholsky liebt diese Erfindungen, das Versteckspiel, die Aufspaltung in mehrere Personen. Er selber ist ja auch nur selten Kurt Tucholsky. Als Autor agiert er meist als Peter Panter, Theobald Tiger und Ignaz Wrobel, später kommt noch Kaspar Hauser dazu. Und auch die Menschen in der Nähe, Freundinnen und Freunde, erhalten andere Namen. Seine Schwester Ellen ist Hippel, den Bruder Fritz nennt er Kohn, Siegfried Jacobsohn, Chef der *Schau-*

bühne und *Weltbühne*, und er heißen Kalwunde, Walter Hasenclever Max, aus Hedwig Müller, der Schweizer Freundin, wird Nuuna.

Mary wird in dieses Spiel nun einbezogen. Sie selber geht schon Anfang 1918, wenn sie mit ihm spricht, zum »Er« über. Und bleibt dabei. Das »Du« ist ihr zu intim, auch in der Ehe. Sie will es nicht, es verleite zu plumper Vertraulichkeit, meint sie noch im Alter, Distanz und gute Manieren blieben auf der Strecke. Nähe sei nur aus der Distanz möglich, schreibt sie im August 1967 auch an Fritz J. Raddatz, *weil man sich nicht duzt, wenn man sich per Sie näher ist.*

Tucholsky hat ihre Ansicht nicht geteilt. Für ihn, der nicht durchgängig mit ihr in der dritten Person spricht, lag im dauernd gebrauchten »Er« etwas Fremdes, Kaltes, ein Abstand, gegen den er sich wehrte. Sie solle, heißt es 1920 in einem Gedicht, einmal leise vom Er zum Du kommen. Aber Mary akzeptiert seine Einwände nicht. »Du«, erklärt sie ihm, sage sie zu so vielen, aber »Er« nur zu ihm.

Bei dieser Meinung ist es geblieben, und Tucholsky hat es akzeptiert.

Nach der Versöhnung im Januar 1918 ist beinahe alles, wie es vorher war. Tucholsky überschüttet Mary mit Briefen. Manchmal erhält sie jeden Tag einen. Er gibt sich erdenkliche Mühe, ihr die Reserviertheit zu nehmen.

Seine übrige Korrespondenz ist fast erloschen. Vorher, bis zu jenem 11. November 1917, hat er noch gelegentlich Briefe an seine Schwester und an Kurt Szafranski geschickt, der wichtigste Gesprächspartner jedoch ist Hans Erich Blaich in Fürstenfeldbruck geblieben, ein Kollege vom Münchner *Simplicissimus*, der sich als Dichter Dr. Owlglass nennt und von Tucholsky bewundert, ja als Lehrmeister angesehen wird. Blaich hat dem *Rheinsberg*-Büchlein freundliche Worte gewidmet, und er hat manchmal Tucholskys Arbeiten gedruckt. Die meisten Briefe, die der Soldat bis Ende 1917 schreibt, gehen an ihn. Zwischen dem 25. August 1916 und dem 3. November 1917 ist kein einziges Schreiben an einen anderen Adressaten bekannt. Danach sind fast alle Briefe an Mary Gerold gerichtet.

Man trifft sich nun wieder und redet, aber Mary bleibt kühl. *Und dann kam er*, notiert sie am 17. Januar. *Ich war sehr einsilbig, er sprach über dies und jenes und dann sagte er: ›Ich möchte den Kerl totschlagen, der es Ihnen beigebracht hat, daß jeder Mann von einer Frau etwas will; das denken Sie auch von mir, Sie denken, ich sehe in Ihnen nur das Weib – nein, – ich wäre nicht gekommen, aber ich weiß, daß es so nicht ist …‹* Ungefähr 220 Damen gäbe es in Autz, erzählt er, davon kenne er die Hälfte, *aber es ist keine darunter, wie Sie sind …*

Am nächsten Tag eine ähnliche Eintragung. *Er erzählt, jemand hätte gesagt, in meiner Nähe könne man nicht warm werden. Das hätte er anfangs auch gedacht, doch er hat erkannt, daß unter der Eisdecke etwas anderes schlummert.* Sie gehöre zu den Frauen, erklärt ihr Tucholsky, die nicht ja sagen können, aber sie solle auch nicht nein sagen.

Wieder derselbe Disput, dieselben Beschwörungen, das Schweigen und Ausweichen, die Eisdecke. *Ich saß im Lehnstuhl*, schreibt Mary am 19. Januar ins Tagebuch, *der Ofen brannte, er stand bei mir und redete auf mich ein, warum ich immer mit Steinen werfe, warum ich immer so ironisch bin, er kann es auch, aber er will es nicht, weil das nicht am Platz ist … Er wollte meine Hand küssen, – ich entzog sie ihm. Während er so neben mir stand und leise und eindringlich auf mich einredete, saß ich da, und ein Zittern ging durch meinen Körper, ich hörte zu und – zählte die Quadrate auf der Tischdecke.*

Kurt Tucholsky übt sich in Geduld. *Um 5 ging ich zu ihm*, heißt es am 20. Januar im Tagebuch Marys. *Er hatte auf mich gewartet und kam mir entgegen. Er fragte dies und jenes und dann: ›Wie lange soll nun diese Komödie gespielt werden – die schöne, schöne Zeit. – Sie wissen doch, wie gern ich Sie habe, Sie wissen, daß es nicht Ihr Körper ist, der mich lockt, Sie wissen alles, ich kann Ihnen nichts Neues sagen – warum sträuben Sie sich, warum? Es geschieht so unendlich selten, daß sich zwei Menschen wirklich verstehen, warum zögern Sie …‹ Lange, lange sprach er so auf mich ein, ich weiß nicht mehr, waren es Stunden, waren es Minuten, er kniete vor mir, streichelte leise meine Hände und drückte von Zeit zu Zeit einen zarten Kuß auf sie. Er wiederholte, was ich schon hundertmal aus seinem Mund gehört hatte – ›… sagen Sie nicht ja, aber sagen Sie auch nicht nein und sträuben Sie sich nicht, wenn ich Ihnen einen Kuß gebe‹ – und unsere Lippen fanden sich und unsere Herzen schlugen im gleichen Rhythmus …*

Mary hat im Tagebuch alles haarklein berichtet: seine Worte, ihre Worte, seine Fragen, ihre Entgegnungen, sein Drängen, ihr Erschrecken, seine Appelle, ihre Fluchten. Sie ist, maßlos verwirrt, in ein Gefühlschaos geraten, aus dem sie sich immer wieder mühsam und beherrscht befreien muss. Sie sehnt sich nach Liebe und liegt gleichzeitig auf der Lauer, jederzeit bereit zum schnellen Rückzug, bereit, die eigenen Wünsche sofort zu begraben.

Das Tagebuch hat den Taumel getreulich dokumentiert. Kaum ist der Kuss mitgeteilt, schlägt die Stimmung schon wieder um. Dann will sie weg, und er versucht sie zu halten. Es folgt eine neue Diskussion und schließlich doch noch eine Umarmung.

Beim Besuch einen Tag später legt Mary gar nicht erst den Mantel ab, sondern erklärt dem verdutzten Tucholsky nur, dass sie zu dem Entschluss gekommen sei, die Beziehung zu beenden. Wieder ein langer, heftiger Wortwechsel. *Und dann aßen wir Abendbrot, er erzählte sehr viel, ich war gehemmt und kam nicht recht aus mir raus.*

Mary Gerold hat es in die Nähe des Feuers getrieben. Sie genießt die Wärme, aber das Feuer macht ihr auch höllische Angst, und so schwankt sie zwischen Hingabe und Flucht, Begehren und Verzicht. Sie kommt mit ihren Empfindungen nicht ins Reine, wechselt sogar überraschend zum Sie, während er sie konsequent weiterhin duzt, hält es so ein paar Wochen lang und erklärt, in die Enge gedrängt, sie wolle sich treu bleiben.

Und Kurt Tucholsky? Er hat sicher gespürt, dass ihr Nein kein sehr festes, kein unbeirrbares Nein ist, nichts Endgültiges, nichts, was unverrückbar wäre. Er ist unermüdlich in seinen Versuchen, sie umzustimmen, er wirbt mit Briefen und Gedichten, er animiert sie, eine bestimmte Passage in Heinrich Manns Roman *Die Göttinnen* nachzulesen, schickt einen Kunstkalender, ein Gedicht von Alfred Kerr als eindringliches Liebesbekenntnis, ein andermal Zigaretten oder eine Flasche Milch.

Wir sind uns ja darüber einig, schreibt er am 25. Januar 1918, *daß Liebesbriefe eine ziemlich törichte Einrichtung sind – trotzdem –.* Da ist Mary wieder einmal nicht gekommen, und nun tröstet er sich: *Du bist da: Dein Kopf liegt an meiner Schulter, ich sehe Deine Haare im Licht zittern, ich streichele Deine Hand. Ich empfinde Dich ganz deutlich, so nahe, so nahe, ich fühle die Wärme Deines Körpers – und ich möchte immer das eine: Du sollst immer da sein.*

Lässt sie sich davon beeindrucken? Am 11. März 1919 schreibt Mary ins Tagebuch: *Ich will nicht schwach sein, ich hasse, hasse, hasse Schwäche.*

Am 6. April 1918 kündigt sich Tucholskys Versetzung an. Das Karlchen, der beste Freund seit einem Jahr, inzwischen Feldpolizeikommissar bei der Politischen Polizei in Bukarest, macht seine Ankündigung wahr, Tucholsky nach Rumänien zu holen. Der Mann heißt in Wirklichkeit Dr. Erich Danehl, wird aber nur Karlchen genannt, auch in den Geschichten, die später entstehen. Er war im Frühjahr 1917 in Alt-Autz, ist zweieinhalb Jahre älter, promovierter Jurist und humorvoller Gesprächspartner, klug, gebildet, redegewandt, das Gegenbild zu den Kommissköppen ringsum. Man bewohnte eine Stube und verstand sich auf Anhieb. Endlich jemand mit Niveau, Charme, Witz und Geist. Die Freundschaft war schnell besiegelt. Danehl blieb vier Wochen da, dann zog er weiter zu seiner Dienststelle in Bukarest. Beim Abschied versicherte er, Tucholsky nachzuholen. Nun löst er das Versprechen ein.

Die Entscheidung ist schwer, gerade jetzt. Soll er gehen, soll er bleiben? Tucholsky gibt die Frage an Mary weiter. Ihre Antwort soll klären, ob sie eine gemeinsame Zukunft haben. Doch Mary, gelähmt vor Schreck, gibt ihm nur spitz zu verstehen, er solle tun, was für ihn das Beste sei. Zu stolz, den Tumult im Inneren zuzugeben, verkriecht sie sich fluchtartig ins Schneckenhaus und vermeidet es, ihre Betroffenheit preiszugeben. Nur das Tagebuch verrät, wie ihr zumute ist: *das Glück war zu groß, es mußte so kommen.*

Sie sind sich nah und bleiben doch an getrennten Ufern. Keiner versteht die Signale des anderen. Tucholsky, der alles auf eine Karte setzt, hat gehofft, sie mit der drohenden Trennung aus der Reserve locken zu können, und Mary versteinert, weil gleich wieder die Befürchtung da ist, die sie instinktiv nie auslöschen konnte: dass alles doch nur ein Spiel war, ein schöner, aber nicht ernst gemeinter Zeitvertreib.

Die Tränen kommen, wenn alles zu spät ist. Tucholsky stimmt seiner Versetzung zu und fängt an zu packen. Der 24. April 1918 ist sein letzter Tag in Alt-Autz. *Mittags holte ich ihn ab,* notiert Mary. *Wieder gingen wir in unser Wäldchen. – Keiner sprach ein Wort – beide heulten wir.* Zwanzig Zimmer, meint Tucholsky dann, könne er ihr nicht bieten, *aber ein mittelbürgerliches Leben, solide fundiert.* Daraufhin, so das Tagebuch, heulen sie erneut, sie küssen sich noch einmal, und Tucholsky gesteht Mary, die erste Frau in seinem Leben zu sein, *von der ich wünschte, ein Kind zu haben.*

Es ist Liebe. Das wissen nun beide.

Vermutlich am 26. April trifft Tucholsky zu einem kurzen Aufenthalt in Berlin ein. Er hat hier noch eine Aufgabe zu erledigen: Er muss die Verlobung mit Kitty Frankfurther lösen.

Die Verlobte

Eine Vorstellung von Kitty Frankfurther haben wir nicht. Kaum Daten, keine Konturen, auch kein Foto. Nicht einmal über die Schreibung ihres Namens herrscht Einigkeit. Bei Fritz J. Raddatz ist sie Kitty Frankfurter, Tucholsky-Biograf Michael Hepp und die Editoren der Gesamtausgabe Texte und Briefe schreiben Frankfurther.

Für einen Augenblick taucht sie in der gedruckten Widmung der Erzählung *Rheinsberg* auf: *Unseren lieben Frauen M. W. – K. F. – C. P.*

K. F., das ist sie. Die Claire des Buches ist allerdings eine andere, C. P., die Medizinstudentin Else Weil, nach einer Romanfigur Heinrich Manns Claire Pimbusch genannt. Aber Kitty, die Verlobte, erhält eines der kostbar gebundenen Exemplare in Halbpergament, die Tucholsky für einige Autoren, darunter Hermann Hesse, hat herstellen lassen.

Schon davor, im September 1911, muss er sich mit der Absicht getragen haben, sie zur Frau zu nehmen. Damals hat Max Brod, den er gemeinsam mit dem *Rheinsberg*-Illustrator Kurt Szafranski in Prag besuchte, die Bekanntschaft mit Franz Kafka vermittelt. Den Besuch hat Kafka im Tagebuch festgehalten. Der letzte Satz über Tucholsky lautet: *Er wird bald heiraten.*

Wer nach ihr fragt, kann auf Antwort nicht hoffen. Wann Kitty Frankfurther geboren wurde, wissen wir nicht. Die Verlobung fällt wahrscheinlich ins Jahr 1912. Wo und unter welchen Umständen sich beide begegneten, ist ungewiss. Spuren in der Hinterlassenschaft Tucholskys sind nicht zu entdecken. Datierbar ist nur die Trennung Ende April 1918.

Die Briefe, die Tucholsky ihr schickte, hat sie wahrscheinlich vernichtet. 1933 emigrierte sie nach England, wo sie nach Kriegsende blieb. Dort hat sich ihre Spur verloren.

Nebelschwaden

Berlin ist schrecklich. Kurt Tucholsky kommt in eine andere, eine veränderte Stadt. Sie gefällt ihm nicht. Schon die Einfahrt, schreibt er, war eine merkwürdige Sache. *Der Zug fährt über die sogenannte Stadtbahn, durch Bahnhöfe und Strecken des inneren Berliner Verkehrs. Tausend Erinnerungen werden da sonst wach: da bist Du zur Schule gegangen, da haben wir einmal gewohnt, hier hattest Du ein Rendezvous, hier gingst Du zum Kolleg – – Diesmal nichts.*

Er ist den vierten Tag wieder zu Hause, wenn er Mary einen ausführlichen Bericht schickt. Am 27. April 1918, nach der ersten Nacht im eigenen Bett, hat es nur für mehrere kurze Grüße gereicht und für ein paar Bücher, die er rasch zusammengesucht hat und ihr nun schickt, darunter *Rheinsberg* und Richard Dehmels *Blinde Liebe*, alle mit Widmungen für Mary versehen. Jetzt, im Brief, erzählt er die Veränderungen: *Früher waren doch selbst in Berlin gewisse Dinge selbstverständlich: daß man etwas zu essen hatte, und daß man etwas anzuziehen hatte und dergleichen – jetzt sieht jeder dem andern in den Bauch, was drin ist, und woher er das viele Mehl hat, und ob er noch Stiefel hat – es ist eine große Zeit. Es stehen sich so merkwürdige Dinge gegenüber: man hat kaum genug Brot, aber Bücher und Theater werden überbezahlt, eine scheußliche Schicht von Mitbürgern kommt hoch, das Geld regiert nicht, es rast und tyrannisiert. An den Krieg denken nur die, dies unbedingt müssen.*

Die Wirklichkeit hat ihn wieder. Alt-Autz war Pause, Stillstand. Tucholsky steckte in der Uniform eines preußischen Unteroffiziers und war aus der Zeit gefallen. Es war Krieg, aber er erlebte ihn in der mildesten Form. Er hatte keine Veranlassung (und auch keine Gelegenheit), sich an der Realität zu reiben. Er litt nicht. Das Grauen herrschte woanders. Er kam mit ihm nicht in Berührung. So lange er die Uniform trug, war dieser Krieg auch kein Thema.

Tucholsky schrieb ein paar Texte, die von der Zensur nicht beanstandet werden konnten und dann im *Flieger* standen, Fingerübungen, um die literarische Elastizität zu erhalten. Als das Soldatenblatt immer stärker auf Kriegskurs gezwungen wurde, zog er sich mit eigenen Beiträgen mehr und mehr zurück. Seit Mitte 1917 publizierte er dort gar keine Gedichte mehr. 1918 allerdings hat er sich an einem Preisausschreiben der *Frankfurter Zeitung* zur 9. Kriegsanleihe beteiligt. Vielleicht war's ein Jux, eine Laune. Kaum vorstellbar, dass er's ernst gemeint hat. Das Gedicht ist allerdings veröffentlicht worden. Sehr viel später wird es all jenen Munition liefern, die seine scharfe Ablehnung des Krieges in Zweifel ziehen.

Nun aber, in Berlin, in den Stunden, da er sieht, was der Krieg aus den Menschen gemacht hat, erwacht die alte Streitlust, *endlich sind doch wieder Leute da, mit denen man richtig zu kämpfen hat, wenn man sie unterkriegen will.*

Mary ist die erste, die es an diesem 29. April 1918 erfährt, und wenn er auch gleich erklärt: *Lassen wir den schriftstellernden Peter Panter in diesen Briefen ruhen* – für einen Moment hat sich der künftige Tucholsky blicken lassen. Die Finger zucken schon. Seine Zeit wird bald kommen.

Berlin sei *unentwegt scheußlich*, schreibt Tucholsky Anfang Mai. Überall *Knallprotze* und *Hungerleider*. Er war im Varieté, in dem es *ganz dumm und platt* zuging, er sah eine Puppenausstellung und war dabei, als Karl Kraus, *ein Gipfelpunkt*, aus seinen Schriften las. Er ist froh, dass er Berlin nach ein paar Tagen verlassen kann, da weiß er noch nicht, dass ihn Rumänien (*ein widerliches Land*) nicht versöhnen wird.

Äußerlich habe er ja seine Ruhe, teilt er Mary am 20. Mai 1918 mit, *aber man will die Leute gar nicht ... Es sind die Affen Europas.* Er ist entsetzt. Fast leibeigene Bauern, kein Mittelstand, die Politiker in seinen Augen Gauner und Schieber, die in gebügelten Anzügen tagsüber die Kaffeehäuser bevölkern. Nirgendwo Größe, Schwung, Verve. Der erste Eindruck ist verheerend.

Zehn Tage später klingt sein Bericht schon milder: *Das Leben geht hier seinen gemütlichen alten Trott, der Dienst fängt ganz langsam an, Spaß zu machen, weil man mit jedem Tag mehr versteht und sehen lernt ...*

Am 1. Juni 1918 schreibt Tucholsky: *Hier ist sonst nichts.* Er erlebt kaum etwas, aber er schwimmt in Arbeit: *Dienst de la littérature und was so mein Herz erfreut ...* Er hat Peter Panter wieder zum Leben erweckt. Und er liest. Beeindruckt ist er vor allem von einem Roman, dem Buch eines Franzosen namens Barbusse, eine *Fotografie des Lebens im Schützengraben*, ein *Tendenzwerk* mit dem Titel *Le feu*. Das Buch reiche, erzählt er Mary, an die Gestaltungskraft von Tolstois *Krieg und Frieden* nicht heran, aber es sei *sauber und offen und anständig*. Einen Brief später bekennt er, es mache sehr viel Spaß, *die Welt auch einmal von unten anzusehen.*

Natürlich hat er Glück. Er weiß es. Von den Schrecknissen, die er im Barbusse-Roman fand, ist auch hier nichts zu spüren. Keine Grabenkämpfe, kein Giftgas, kein Artilleriebeschuss. Stattdessen viel Abwechslung und lange Abende mit Büchern. Die Polizeistelle Turn-Severin liegt auf dem *rumänischen Friedensschauplatz*. Später, wenn er zurückdenkt, wird Tucholsky sogar von einer *freundlichen Zeit* sprechen: *Zivil, nichts zu tun, schönes Wetter, immer schönes Wetter ..., gutes Essen, gute Weine ... Es war wohl ein hübscher Krieg.*

Er sitzt in einem Büro, die Arbeit erledigt er ohne Begeisterung, die Sitten sind längst auf den Hund gekommen. Verpönt, teilt er Mary mit, sei lediglich der Taschendiebstahl unter Offizieren, alles andere sei erlaubt. Nur abends, im Kasino, geht's prächtig und heiter zu. Man trinkt, eine Kapelle spielt, und der Doktor Danehl erzählt unterm Gelächter seiner Zuhörer Schmonzetten aus seinem Leben.

Wenn er an Mary schreibt, schwankt Tucholsky zwischen Ulk und tiefer Nachdenklichkeit. Er empfiehlt ihr, immer auch Anreger und ein wenig Erzieher, die *Buddenbrooks*, spricht über Waldemar Bonsels, Theodor Storm und Eduard von Keyserling, der im September dieses Jahres stirbt, über die Sommerhitze, verloren gegangene Briefe und was er sonst las, hörte, dachte und sah. Er will, dass Mary überall dabei ist, dass sie alles miterlebt. Seit er Alt-Autz verließ, gesteht er Mitte Juni, habe er eine fixe Idee: *Es kann nun sein, was es will: etwas Persönliches, oder eine Landschaft oder eine spaßige Situation oder ein schönes Buch oder ein Bild oder irgend etwas ... ich muß immer denken: was würde sie dazu sagen? Und: das müßtest du ihr eigentlich zeigen. Und: sie muß überall dabei sein. – Es ist ja gar nicht das, daß ich glaubte, Du müßtest nun immer das Beste und Klügste dazu sagen, das ist ja Unsinn – Du bist jung, und ein Mädchen, und es ist gar nicht Deine Sache. Aber das ist der Zusammenklang, und das Gefühl: sie gehört dazu, und wenn sie es nicht miterlebt, dann macht es Dir keinen Spaß.*

Im August 1918 noch so ein Bekenntnis: *Es ist ganz merkwürdig, Matzlein, wenn ich mich hinsetze, weiß ich fast nie, was ich an Dich schreiben werde – und wenn ich angefangen habe, ist es mir, als ob ich mit Dir plauderte, und Du sitzt mir gegenüber und siehst mich an.*

Doch im nächsten Satz, seltsam, ändert sich der Ton. *Wenn nur nicht alles so ungewiß wäre*, erklärt Tucholsky plötzlich. *Wenn nicht immer das da wäre, daß man sich sagt: es kann gehen, aber es kann auch nicht gehen. Denn siehst Du, ich bin heute zu alt, um etwa zu sagen: Raum ist in der kleinsten Hütte – – Ich weiß, Du würdest mit mir überall hingehen und auch in alle einfachsten Verhältnisse. Ich will auch nicht warten, bis wir zwei Automobile und vier Reitpferde haben und eine Brillantenkette zum Frühstück. Aber es muß gesichert und vernünftig sein, und wenn ich das nicht schaffen kann, dann kann ich es nicht und würde keinen Augenblick zögern, es offen zu sagen und Dich zu bitten – – versteh das nicht falsch. Es ist nicht Eitelkeit. Aber ich weiß zu viel von Ehen – wenn ich Dir von meinen Eltern schreibe, wirst Dus merken – und ich habe zuviel miterlebt, um nicht zu empfinden: es muß pekuniär klappen.*

Was ist das: Ein Anflug von Verzagtheit? Die Angst vor einer festen Beziehung? Die Furcht, ihr Zusammenleben könnte die Liebe zerstören?

Mary hat eine feine Nase. Schon früher, im Juni 1918, hat sie im Tagebuch konstatiert, er werde ihr immer fremder, entschwinde ihr.

Die Briefe, auf die sie wartet, können ihr diesen Eindruck nicht vermittelt haben. Tucholsky hat Zweifel an seiner Liebe, seiner Nähe nicht zugelassen. Erst jetzt tauchen Gedanken auf, die sie irritieren, verunsichern. Es gibt keine richtige Begründung für ihr Empfinden, es gibt nur Worte, nach denen sie wie eine Ertrinkende greift, die sie aufsaugt und zugleich abtastet nach Zeichen eines Sinneswandels, seiner vielleicht schon brüchigen Liebe. Du sollst *keinen Kummer haben*, beruhigt sie Kurt Tucholsky noch im selben Brief. *Du sollst wissen, daß immer einer an Dich denkt …*

Marys Antwort kennen wir nicht. Man kann sie sich jedoch denken, denn gleich im nächsten Brief Tucholskys ist von ihrer Feinfühligkeit die Rede und davon, dass ihm einmal, als er an sie dachte, das Wort *Mimose* einfiel. Sie sei von einer *haarfeinen Sensibilität*, schreibt er und bemüht sich gleichzeitig, seinen *rein äußerlichen Kummer* als etwas Normales hinzustellen: *Es war nichts als eine kühle Feststellung, ich mag nicht, wenn man in verschwommenen Nebelschwaden einhergeht; klar muß man sehen. Ich hab Dich lieb und will Dich haben und mit Dir zusammenleben – und das ist sehr, sehr schwer. Und ich mag nicht, daß Du Dir meinethalben eine vielleicht bessere Zukunft verdirbst. Ich tus nicht, weil ich keine bessere weiß. Das habe ich sagen wollen.*

Unterdessen beschäftigt sich Tucholsky, das Kriegsende im Blick, mehr und mehr mit der Zukunft. Er sieht schwarz. *Deutschland?*, fragt er am

Kurt Tucholsky in Rumänien, September 1918

17. Oktober 1918 in einem langen Brief an Mary. *Das war einmal.* Er bittet die Freundin um Verständnis, dass er *von dem schreibe, was mir nächst Dir am meisten am Herzen liegt. Ich habe sonst keinen, mit dem ich mich brieflich so sehr aussprechen mag – und ich glaube, die Sache ist groß genug. Ja, Melimatz, und was dann – ?* Noch sei nicht entschieden, was aus ihm werde. Vielleicht würde er eine Polizeistelle bekommen. Aber vorerst rührt er keinen Finger. Er hofft, *daß es Frieden gibt. Dann ist Berlin – trotz aller Abneigung – das einzig rechte.*

Vor kurzem hat er sogar schon einmal erwogen, als Kommissar *nach Kurland zu gehen, und von einer Kriegsstellung sachte in eine Friedensposition hinüberzugleiten.* Aber da gibt es auch das verlockende Angebot, den *nicht schlecht bezahlten* Posten eines Chefredakteurs zu übernehmen. Das Blatt, dem er auf die Sprünge helfen soll, heißt *Ulk* und ist die satirisch-humoristische Wochenbeilage des angesehenen, von Theodor Wolff geleiteten *Berliner Tageblatts.*

Kurt Tucholsky, der inzwischen wieder einige Arbeiten in der *Schaubühne* veröffentlicht hat, entschließt sich, das Angebot anzunehmen.

Tage danach ein weiterer Brief voll dunkler Gedanken. *Ich sehe schwarz,* heißt es am 23. Oktober noch einmal, *daß Deine Rapporttinte engelsweiß dagegen ist.* Dann, zwei Tage später, die Mitteilung, dass bei ihm inzwischen *richtig Krieg* herrsche. Er ist jetzt öfter auf Reisen und wird schließlich zur Polizeistelle Calafat versetzt.

Dann ist der Krieg zu Ende. Philipp Scheidemann ruft die Republik aus, die Situation in Rumänien wird immer brenzliger. Tucholsky erhält den Befehl, mit der kämpfenden Truppe abzurücken und begibt sich auf die Reise nach Berlin.

Wirrnisse und Turbulenzen

Ende November 1918 ist Kurt Tucholsky zu Hause. Die Stadt, die ihm wie ein Wartesaal vierter Klasse vorkommt, findet er übel wie je, scheußlich und teuer. Es sei die schlimmste Stadt im Land, schreibt er, bezieht wieder seine Wilmersdorfer Wohnung in der Nachodstraße 12 und stürzt sich, befreit, in die Arbeit.

Er ist nun der Chefredakteur des satirischen Wochenblatts *Ulk* (*Es ist – was das Pekuniäre betrifft – nicht zum Totlachen, aber es ist doch wenigstens etwas*), er bekommt ein Büro im dritten Stock des Mosse-Hauses, holt den Briefbeschwerer seines Vaters aus der Tasche, stellt ein Foto mit den Händen Marys auf den Tisch, dazu ein Porträt Thomas Manns, dessen *Buddenbrooks* ihm sehr imponiert haben. Er freut sich auf seine Aufgabe. Den *Ulk*, schreibt er an Hans Erich Blaich, baue er ab Nummer 50. Die Ausgabe, die auch der linken *Berliner Volkszeitung* beiliegt, erscheint am 13. Dezember 1918.

Theodor Wolff, hat er Mary noch aus Rumänien geschrieben, wolle *ein anständiges und politisch bedeutendes Witzblatt haben – na, das kann er ja kriegen.*

Der Mann, namhafter Publizist und seit 1906 Chefredakteur des *Berliner Tageblatts*, ist eine Instanz, liberal gesinnt, im Ersten Weltkrieg Gegner der kaiserlichen Machtpolitik, Gegner auch des eroberungssüchtigen Militärs. Er hat aus der Zeitung ein Weltblatt gemacht, das man auch im Ausland schätzt. Zu seinen Autoren gehören Alfred Kerr, Rudolf Olden, Victor Auburtin und Joseph Roth. Auch Gedichte Tucholskys sind hier gedruckt worden.

Kein Wunder, dass Kurt Tucholsky große Hoffnungen in seine Aufgabe setzt. Im Brief an Hans Erich Blaich meint er zuversichtlich, er werde sich die Herrschaften schon zurecht schaukeln. *Wenn Sie aber trotzdem etwas für mich in München wissen, so sagen Sie mirs doch bitte. Sie wissen schon, warum.* Ganz traut er dem Frieden doch nicht.

Blaich ist der wichtigste Gesprächspartner im Augenblick, erfahrener Redakteur und in Fragen von Humor und Satire ein kompetenter Kollege. Die ersten Briefe, die Tucholsky nach seiner Ankunft in Berlin tippt, gehen an seine Adresse. Ein paar Tage zuvor, am 19. November, hat er seine Rückreise aus Rumänien extra in Fürstenfeldbruck für einen Besuch bei ihm unterbrochen. Die Unterhaltung war kurz, eine Stunde nur, aber recht gut, wie der

Gastgeber hinterher bezeugt. Im Diarium hat Blaich auch seinen Eindruck von Tucholsky festgehalten: »ein untersetzter, beleibter Herr, nicht unsympathisch, aber nicht sehr fest in sich, Journalistennatur, kein Ja- u. Nein-Sager …«

Nach sechs Wochen muss sich Kurt Tucholsky schon verteidigen und seinen Standpunkt erläutern. Der Gegenwind ist groß. *Was darf die Satire?*, fragt er Ende Januar 1919 im *Berliner Tageblatt* und antwortet: *Der deutsche Satiriker tanzt zwischen Berufsständen, Klassen, Konfessionen und Lokaleinrichtungen einen ständigen Eiertanz. Das ist gewiß recht graziös, aber auf die Dauer etwas ermüdend. Die echte Satire ist blutreinigend, und wer gesundes Blut hat, der hat auch einen reinen Teint. Was darf die Satire? Alles.*

Die Herrschaften, die er für sich gewinnen wollte, haben mit ihrem Einspruch nicht lange gewartet. Die Satire, wie Tucholsky sie versteht, schmeckt ihnen nicht. Bereits die ersten Nummern, die unter seiner Verantwortung erscheinen, ziehen *eine Fülle von Beschimpfungen* nach sich. Theodor Wolff und die Herren des Mosse-Konzerns, die eher auf Unterhaltung setzen, finden den *Ulk* zu bissig, zu politisch, zu radikal. Sie pochen darauf, die Befindlichkeiten der Abonnenten zu berücksichtigen. Tucholsky, soll das heißen, möge sich gefälligst zähmen.

Es ist der falsche Stuhl, auf dem er sitzt. Das merkt er schnell. Hinzu kommt, dass der Etat, den er zur Verfügung hat, für Qualität nicht ausreicht. Blaich, der das Blättchen begutachtet, meint, die Zeichnungen seien »unter Mittelmaß«. Kurt Tucholsky widerspricht nicht. Aber er ist machtlos. Für Besseres fehlt das Geld. *Ich fühle mich gar nicht wohl in meiner Haut*, gesteht er. *Wirklich: ich arbeite viel lieber an einem Verlag, der nicht mehr verspricht als er hält und halten kann und will. Dies hier ist nichts.*

Und dann wieder der Satz, der sich in seinem Denken schon verfestigt hat: *Ich sehe durchaus schwarz in die geschätzte Zukunft.*

Er ist hellwach und willens, in den politischen Auseinandersetzungen ein Wörtchen mitzureden, viel zu arbeiten und Geld zu verdienen. Er ist aber auch müde, skeptisch, schon vom Virus der Vergeblichkeit befallen. Lohnt sich der ganze Einsatz überhaupt, die tägliche Mühe, der Aufwand?

Die Fragen kommen früh, und sie werden nicht mehr verstummen. Die Deutschen sind unbelehrbar, erklärt er Mary schon Ende 1918. *Sie wollen das nicht hören, sie wollen die Wahrheit nicht hören, und sehen alle nur ihren Geldbeutel und haben das Domestikenblut in den Adern.*

Die Schreibmaschine klappert ohne Unterlass, manchmal auch nachts. Inzwischen ist am 4. April 1918 aus der *Schaubühne*, von ihm unterstützt, die *Weltbühne* geworden, ein Blatt, das den engen Kreis des Theaters verlässt und sich nun auch der Politik und Wirtschaft widmet, und Tucholsky formuliert in seinem großen, programmatischen Aufsatz *Wir Negativen* das Programm der Zeitschrift: *Wir wollen kämpfen mit Haß aus Liebe. Mit Haß gegen jeden Burschen, der sich erkühnt hat, das Blut seiner Landsleute zu trinken, wie man Wein trinkt, um damit auf seine Gesundheit und die seiner Freunde anzustoßen. Mit Haß gegen einen Klüngel, dem übermäßig erraffter Besitz und das Elend der Heimarbeiter gottgewollt erscheint, der von erkauften Professoren beweisen läßt, daß dem so sein muß, und der auf gebeugten Rücken vegetierender Menschen freundliche Idyllen feiert. Wir kämpfen allerdings mit Haß. Aber wir kämpfen aus Liebe für die Unterdrückten, die nicht immer notwendigerweise Proletarier sein müssen, und wir lieben in den Menschen den Gedanken an die Menschheit … Negativ? Blut und Elend und Wunden und zertretenes Menschentum – es soll wenigstens nicht umsonst gewesen sein. Laßt uns auch weiterhin Nein sagen, wenn es not tut! Es ist das Thema des Aischylos.*

Erstaunlich: Der Mann, der als Publizist lange unsichtbar war, *ein beleidigter Clown*, den der Krieg zum Schweigen brachte, betritt die Arena und ist nicht wiederzuerkennen. Als wortkräftiger Ankläger kommt er zurück, als entschiedener Pazifist und scharfer Kritiker einer Republik, die sich nicht entschließen kann, den Urhebern und Nutznießern der Katastrophe den Boden zu entziehen.

Der erste publizistische Angriff, zu lesen am 9. Januar 1919 in der *Weltbühne* und in den darauf folgenden Ausgaben, gilt dem Militär und dem deutschen Militarismus. Und plötzlich zeigt sich, dass es gar kein so selbstvergessenes Leben war, das Tucholsky in den letzten Jahren geführt hat. Es ging ihm gut, er musste nicht schießen und entging dem Schicksal, erschossen zu werden. Aber er war nicht mit Blindheit geschlagen. Es war schließlich Krieg, und er sah nicht weg.

Er kenne die Brüder alle sehr, sehr genau, wird er 1927 an Arnold Zweig schreiben, *ich habe mit ihnen zusammen gesoffen, auch mit höhern Chargen, etwa bis zum Generalmajor*, was ihm, wie er im Dezember 1935 dem geschätzten Romancier noch einmal bekennt, *eine gute Kenntnis des Milieus für später ermöglicht hat.*

Er ist dabei im Stillen der Tucholsky geworden, der in den Zwanzigerjahren eine singuläre Erscheinung in der linken Publizistik wird. In der *Militaria*-Folge wird er sie vorführen, die *Kerle*, die er aus dem Kasino kennt, ihre maßlose Arroganz, ihre Exzesse, ihr Denken, ihren Machtmissbrauch.

Für Mary bleibt in diesen Turbulenzen keine Zeit. Sie muss auf ein Lebenszeichen lange warten. Wochen gehen ins Land. Beunruhigt über das quälende Schweigen, erkundigt sie sich am 13. Dezember 1918 bei der *Weltbühne* nach seinem Befinden. Am 19. Dezember ist das Schreiben in seiner Hand, und nun spannt er, getrieben vom schlechten Gewissen, ein Blatt in die Maschine. *Liebstes, liebstes Matzlein*, beginnt er. *Endlich –!* Dann gibt er erst einmal einen ausführlichen Bericht über die letzte Zeit, die Umstände seines Rückzugs aus Rumänien, den *Ulk* (*eine Auflage von 600 000 Stück*) und über *die hiesigen Verhältnisse*, die *oberfaul* sind und von denen er nicht weiß, wie sie sich entwickeln werden.

Und nun, da alles geregelt ist, schreibt er, sitze er da und denke an sie. Und merkt, *es geht doch nicht ohne Ihn. Und ich bin ganz vernünftig und mache mir gar keine Kopfschmerzen und bilde mir auch nichts ein – aber ich glaube, es geht nicht. Es muß ohne Ihn gehen, wenn ich Ihm hier nicht eine Häuslichkeit bieten kann, in der sich – bescheiden, aber – anständig leben läßt.*

Marys Zeilen, auf die Tucholsky reagiert, kennen wir nicht. Aber die Eindringlichkeit, mit der er nun seine Liebe, sein Sehnen beteuert, lässt ahnen, wie sehr sie die lange Briefpause irritiert, in neue Unsicherheiten gestürzt hat: *Er ist doch die einzige Frau, mit der man zusammen leben möchte. Und Er soll denken: es ist einer für Ihn da – und wenn die Umstände das nicht haben wollen, dann zerschellen wir daran – das wäre Menschenlos – aber wenn ich es schaffen kann, dann soll Er herkommen und bei mir bleiben und nicht mehr weggehen. Bin ich schon so alt –? Ich bin so müde –*

Mary antwortet am 23. Dezember. Und diesmal schickt sie ihre Tagebuch-Briefe mit, die sie zwischen dem 8. November und 18. Dezember 1918 geschrieben und zurückgehalten hat. Sie ist unschlüssig, ob sie die Blätter aus der Hand geben soll: *was habe ich da alles hineingeschrieben, was Er gar nicht zu wissen braucht.* Doch dann sagt sie sich, er solle von ihrer Liebe, ihrem Leiden, auch ihrem heimlichen Argwohn ruhig erfahren. Hat sie nicht sogar befürchtet, er könnte die Beziehung zu Kitty Frankfurther wieder aufgenommen haben? Eine Passage seines Briefes vom 19. Dezember legt die Vermutung nahe: *Er wird erraten haben, daß ich eine andere heiraten wollte, bevor ich Ihn kennen lernte; das ist abgetan, und ich habe es nicht schreiben wollen, weil ich weiß, wie Er darin denkt. Er soll aber das nicht denken. Es ist vorbei, und wenn ich Ihn nicht bekommen kann – so, daß ich Seiner Mama mit gutem Gewissen sagen kann: es geht – dann gar keine. – So liegen die Dinge.*

Sehr verehrtes gnädiges Fräulein, schreibt Tucholsky am 16. Januar 1919 und wählt, wie schon im Dezember, eine förmliche Anrede, weil er nicht weiß, in wessen Hände der Brief fällt und womöglich Unheil anrichtet. Riga ist eine umkämpfte Stadt, der zivile Postverkehr wurde eingestellt. In Berlin haben Regierungstruppen und Freikorpsverbände unter Gustav Noske gerade den Spartakusaufstand niedergeschlagen, am Vortag sind Rosa Luxemburg und Karl Liebknecht ermordet worden. Bald darauf werden Spartakisten in einer Sonntagnacht auch das Mosse-Haus stürmen und besetzen. Die Räume, in denen Tucholsky arbeitet, bleiben verschont. Aber das Foto mit den Händen Marys büßt er ein. Zum Glück besitzt er ein zweites. Das stellt er nun zu Hause auf.

Es sieht hierorts so traurig aus, schreibt Tucholsky, *wie ich es Ihnen nicht schreiben kann – und ich will Sie auch nicht mit diesen Dingen langweilen, denn bei Ihnen ist es sicherlich nicht viel besser, und Sie werden daran genug haben.*

Von einem Redakteur des *Berliner Tageblatts*, dem ein deutscher Soldat Fotos aus Riga zeigte, weiß er, wie schrecklich es dort zugegangen ist. Er hätte Mary ja längst geraten, nach Deutschland zu gehen, aber wie die Dinge dort liegen, erklärt er, kann man das keinem Menschen raten.

Es ist der letzte Brief an Mary für lange Zeit. Das nächste Schreiben stammt vom 2. Juni 1919. Tucholsky weiß nicht, was in Riga passiert ist und wo Mary sich aufhält. Er bittet um ein Lebenszeichen. Sie antwortet am 12. Juni. Ihr Bericht, acht Seiten lang, erzählt in aller Ausführlichkeit, wie sie am 2. Januar auf dem Weg von Alt-Autz nach Riga in den Eroberungsfeldzug der Bolschewiken geriet. Wie sie sich dem unendlichen Strom der Flüchtlinge anschloss, wie sie beschossen wurden und schließlich wohlbehalten Riga erreichten, aber nicht in die Stadt gelassen wurden. *U. dann ging die Bolschewikenherrschaft los, mit ihren Verhaftungen, ihren Hinrichtungen, ihren Übergaben an das Revolutions Tribunal. Ihre Parole war: schlage den ›Burschui‹ (bourgeois) tot – es lebe das freie Proletariat.*

Sie erzählt ihm alles: die täglichen Erschießungen, die nächtlichen Hausdurchsuchungen. Am Abend legte man sich hin und wusste nicht, ob man den nächsten Morgen erlebt. Die Lebensmittelvorräte, die Riga noch hatte, wurden nach Moskau und Petersburg gebracht. Zwei, drei Wochen ohne Brot. Die Läden ausgeraubt, geschlossen, nationalisiert. Kein Leben sei es gewesen, nur ein Hinschleppen, ein allmähliches Sterben.

In Tagebuchblättern für Meli, geschrieben am 5. Juli und vier Tage später einem Brief beigelegt, kann Mary Tucholskys Reaktion lesen: *Die Nachrichten aus Riga sind trostlos… Wo magst Du sein? Diesmal ahne ich es nicht – ich fühle es nicht – wo bist Du? Und ich mache mir Vorwürfe … Hätte ich Dich zu mir bitten sollen? Ich kann Dich natürlich jederzeit vor dem Verhungern schützen – aber das ist mir nicht genug. Ich sehe diese Dinge zu klar, um Torheiten zu machen. Fehlender Wagemut? Also keine Liebe? Ich weiß doch nicht. Eitelkeit ist es auch nicht – eher Besorgnis. Ich kenne das. Und will, daß meine Frau eine Dame ist, oder sie ist nicht meine Frau. Ich mag nicht an zerlatschte Schuhe denken und an all das – an schlecht aufgeräumte kleine Zimmer mit herumgeworfenen Sachen … Pfui. Es soll um Dich und um mich sauber und ordentlich aussehen – deshalb brauchst Du keine Fußböden zu scheuern – eben deshalb nicht. Aber es soll gepflegt und pünktlich und ordentlich und reinlich sein. Und immer, wenn ich zweifelte, rechnete es in mir – und ich weiß, daß alles, was ich will, außerhalb Berlins mindestens 15 000 und in Berlin 30 000 M kostet. Und die verdiene ich noch nicht. Und ich mache mir doch Vorwürfe – und wenn ich einmal wüßte, daß es falsch gewesen ist –? Verliere ich Dich? Aber ich würde Dich bestimmt verlieren – wenn Du in dieses Tohuwabohu hineinkommst, in dem Du nicht so dastehen würdest, wie ich es haben wollte. Ich würde dieses Experiment nicht ein-*

heit in die nächste holen will. Dass er sich andererseits nur mit größtem Unbehagen vorstelle, wie *Er da herumzieht und keinen festen Boden unter den Beinen hat*, in diesem Riga und unter Leuten, *die nicht gerade die creme darstellen*. Dazwischen, immer wieder, Liebesbeteuerungen. *Blonde, kommst Du –?*, fragt er. Und meint: Bleib da.

Ihre Beziehung hat sich grundlegend geändert. Jetzt ist sie die Drängende, und er versteckt sich. Sie liebt, und er hat Angst, dass sie plötzlich vor seiner Tür steht.

Dieser Wandel ließe sich am leichtesten mit dem Hinweis auf Else Weil erklären, die Freundin früherer Tage, die nun wieder an Tucholskys Seite ist. Doch der Fall ist schwieriger und verweist auf eine psychische Konstellation, die sich hier zum ersten Mal so deutlich offenbart. Das Glück liegt für Tucholsky in der Ferne, in einem Zustand, der noch nicht Realität geworden ist. Er liebt am intensivsten in den Briefen, wenn er seine Sehnsucht artikulieren kann, sein Hoffen, seine Verbundenheit. Da lebt er auf, da wird er nicht müde, zu werben, zu versprechen, wortreich seine Zuneigung zu beschwören. So lange noch ein bisschen Abstand herrscht, ist seine Welt in Ordnung. Vor der Nähe schreckt er zurück. Das Nahe ist Gefahr, unkalkulierbare Bedrohung. Die Vorstellung, sein Leben mit einer Frau auf engem Raum zu verbringen, hat ihn jedesmal in Angstschauer gestürzt. Daher auch, wenn schon eine Zeit der Gemeinsamkeit ins Auge gefasst werden muss, das Beharren auf einem Dasein in behaglicher Großzügigkeit. Er, der dem Bürgertum kaum etwas abgewinnen kann, pocht geradezu auf noble bürgerliche Verhältnisse. In einer bescheidenen Wohnung ist Tucholsky tatsächlich nicht denkbar, sie käme ihm wie ein Gefängnis vor. Dass er Mary unentwegt erzählt, er müsse erst viel Geld verdienen, um ihr ein angemessenes Leben zu sichern, ist darum nicht nur Marotte und Ausrede. Es ist Hinhalte-Taktik, krampfhafte Abwehr, gewiss, aber zugleich eine existentielle Bedingung, von der Kurt Tucholsky nicht lassen wird.

Bei alledem steht es um seine finanziellen Verhältnisse gar nicht schlecht. Er verdient glänzend, er gibt das Geld freilich mit vollen Händen auch wieder aus. Er arbeitet mit Hochdruck, redigiert den *Ulk*, schreibt für die *Weltbühne*, stellt sein Buch *Fromme Gesänge* zusammen, er gehört zu den Mitbegründern des Friedensbundes der Kriegsteilnehmer, spricht auf Kundgebungen, arbeitet seit Oktober 1919 für das Kabarett »Schall und Rauch«, und Siegfried Jacobsohn, der die Sommermonate auf Sylt verbringt, schickt ihn regelmäßig mit genauen Anweisungen nach Potsdam, wo er den Druck der *Weltbühne* überwachen soll.

Siehst Du, schreibt er an Mary, *ich bin zu keiner Arbeit zu müde; ich habe meine zwei Redaktionen und tue auch sonst noch allerhand, des Geldes wegen und um den Namen meiner Pseudonyme bekannt zu machen …*

Zu arbeiten ist sehr viel, hat Mary schon im Brief vom 27. September 1919 gelesen, *gestern … habe ich bis 12 Uhr gewirkt. Ich kann nicht klagen – so die kleinen Geschäfte und Verdienste laufen alle – aber was ist das? Das Leben verschlingt alles wieder. Es kommen viele Leute und bitten um Mitarbeit – ich bin ihnen aber zu teuer, weil ich nicht für ein paar Mark schreiben mag.*

Und dann skizziert er seinen Tagesablauf: aufstehen gegen acht, rasieren, vierzig Minuten turnen, kalt waschen und frühstücken. Danach Aufenthalt in der Redaktion bis gegen eins, Mittagessen in einer kleinen Pension, ein einstündiger Schlaf zu Hause. *Dann beginnt die eigentliche Arbeit: Lesen, Schreiben, Diktieren. Bis gegen 7 Uhr, dann gehe ich in eine andre Pension essen …*

Wirtschaftlich stehe er tiefer als geistig, sagt Kurt Tucholsky. Er sei kein Kaufmann, habe kein ererbtes Vermögen, und schön sei es nicht, sich mit Literatur Geld zu verdienen. Immerhin ist er finanziell so gesichert, dass er seinem Freund Siegfried Jacobsohn vierzigtausend Mark als Darlehen überlassen kann (um dessen vollständige oder teilweise Rückzahlung er im April 1920 bittet, weil er Else Weil heiraten will).

Am 22. Mai 1919 ist es zu Ausschreitungen in Riga gekommen. *Weiber, Männer, Mädchen, Knaben*, berichtet Mary am 19. Juni, *alles hatte eine Flinte, lief, erteilte Befehle, trieb das Publikum in die Häuser u. bereitet sich zum Straßenkampf vor. Dazwischen rasten die Autos, Soldaten u. Weiber mit Bündeln auf dem Rücken liefen durch die Straßen, um zu entkommen. Als ich dieses Treiben mitansah, da begriff ich zum ersten mal, wie man es fertig bringen kann, in den Kampf zu ziehen, u. Menschen zu töten, die einem persönlich nichts getan haben, daß man da alles Mitleid vergißt u. über Leichen steigt, ohne zu schaudern.*

An diesem 22. Mai wird die Rote Armee, die Riga besetzt hält, von deutschen Freikorps, der Eisernen Division, wieder vertrieben. Als Erstes, meldet

Mary, *wurden die Denkmäler u. heiligen Kommunistengräber zerstört u. angezündet.* Riga jubelt. Dann aber, Ende 1919, wird die Stadt von russischen Verbänden erneut bedroht. Mary flieht. Sie schließt sich den abrückenden deutschen Truppen an und übernimmt in Mitau eine Aufgabe in der Kassenverwaltung der Baltischen Landwehr.

Kurt Tucholsky ist entsetzt über diesen Schritt, ungehalten zudem über Marys immer wieder ausbrechende Vergnügungswut, die sie in Briefen schildert. Sie tanzt gern, liebt Geselligkeit, genießt ihre Lebenslust, so gut es unter den gegenwärtigen Umständen geht. Wie ein Vater, der um die Unschuld seiner minderjährigen Tochter bangt, redete er ihr schon in den letzten Kriegsmonaten ins Gewissen. *Du bist ein Eindrucksmensch. Du hast noch nicht viel gesehen und glaubst zwar nicht alles, siehst aber auch nicht immer die Fäden der Maschinerie.*

Jetzt drängt er sie, zur Mutter ins unsichere Riga zurückzukehren. Sie denkt nicht dran. Es wäre, da sie in Alt-Autz für die Deutschen gearbeitet hat, unter Umständen ihr Todesurteil gewesen.

Noch nimmt Mary die dauernden Erklärungen, er könne nicht die *volle Verantwortung* tragen und müsse ihr *mittelbürgerliches Leben* erst erarbeiten, geduldig hin. Sie hält still, verbietet sich den Mund, verschweigt ihre Bedrückungen, schickt ihm stattdessen ihre Tagebuch-Briefe mit ausführlichen Schilderungen der baltischen Ereignisse, legt den Sendungen Flugblätter und Soldatenzeitungen bei, die Tucholsky im Oktober 1919 für den Aufsatz *Die Baltischen Helden* nutzt, seine fulminante Abrechnung mit den Freikorps, die in Kurland ihr Unwesen treiben.

Ins Tagebuch aber schreibt Mary zur selben Zeit: *Ist es nicht ein wahnsinniger Egoismus von ihm, daß er sich ganz und gar nicht um mich kümmert?* Ja, sie fragt sich sogar, ob er überhaupt der Richtige ist, behält aber die Frage für sich.

Anfang November 1919 wird Marys Dienststelle aus Mitau nach Berlin verlegt. Mary bleibt. Tucholsky, weiß sie, will sie in seiner Nähe nicht haben. *Also,* berichtet sie nach Berlin, *am Sonntag den 9.11. in der Nacht rückte die Abrechnungsstelle mit Kühen, Pferden, Grammophon, eisernen Ofen … im Viehwaggon ab … sie hofften in 36 Stunden in Wehlau zu sein u. dann allmählich nach Berlin zu schaukeln. Es gab allerhand schwere Abschiede … am meisten Fragen, warum ich nicht mitkomme. Ja warum ging ich eigentlich nicht mit. Wenn es nach Kamtschatka oder zu den Kaffern oder meinetwegen auf den Mond gegangen wäre, ich hätte mit Vergnügen mitgemacht, warum mußten sie in dieses selten dumme Berlin. – Ich blieb also in Mitau.*

Im Dezember 1919, wenn russische Verbände wieder die baltischen Truppen verjagen, bleibt Mary erneut nur die Flucht. Mit der Eisernen Division, die sich brennend und mordend Richtung Litauen durchschlägt, gelangt sie am 15. Dezember in die Nähe von Memel, wo sie in einem Gut unterkommt.

Tucholsky erfährt nun, was sie mit ansehen und ertragen musste. Jeden Tag dreißig Kilometer Fußmarsch, dazu Schneegestöber und eisiger Wind. Über die Eiserne Division, eine *richtige Räuberbande*, die sich nimmt, was sie kriegen kann, hat sie sich schon vorher, im Brief vom 23. November, geäußert.

Der Druck nach dem letzten *kriegerischen Bericht* ist so groß, dass sich Tucholsky einen Ruck gibt. Am 5. Dezember 1919 erklärt er seiner *liebsten Blonden: Ich muß Ihm sagen …: Ich habe es nun satt. Ich meine, das geht nun nicht mehr. Komm her.* Die Verhältnisse in Berlin hätten sich etwas geklärt, er habe viel zu tun, die finanziellen Dinge sähen günstiger aus, wenn er auch nicht wisse, wie sie sich weiter entwickeln würden, *aber ich denke, verhungern wirst Du nicht, und es wird nicht ein Grafenschloß sein – aber anständig und sauber. Eine einigermaßen vernünftige Pension wird sich finden, und das weitere erledige ich.* Er wolle sie gern wieder gebadet haben, *so bis in jene Fingerspitzen Dame.* Sie solle ihm deshalb gleich schreiben, *welcher Formalitäten es bedarf, daß ich Dich herbekomme, und was ich für Dich tun kann.*

Glaubt Er wirklich, daß ich dazu ja und Amen sage? Was hat Er sich wohl gedacht? Mary, die ihre Enttäuschung so lange unter beherrschten Wendungen versteckt hat, sich nie anmerken ließ, was sie beim Lesen der Tucholsky-Briefe empfand, bebt vor Empörung und verzichtet diesmal auf jede diplomatische Verschleierung.

Der große Mann, antwortet sie, *so von oben herab, jetzt gefällst Du mir nicht mehr, aus Großzügigkeit bringe ich Dich irgendwo unter … Daß Er das nicht lernen kann, daß ich eine Russin bin, daß* man *mich nicht* herbekommen *kann, sondern daß ich komme oder nicht komme, das ist es wieder, ihr deutschen Männer behandelt die Frauen als Gegenstand u. nicht als ein Euch gleichgestelltes Wesen …*

Kurt Tucholsky, verblüfft, verständnislos, reagiert vier Tage später mit der Frage: *Mätzchen, warum hast Du Dich geärgert?* Nein, er sei kein *deutscher Skatpapa*, der seine Frau gnädig beglücke. Aber es ginge nicht, *daß Du dauernd in der Luft schwebst, und schließlich ist Soldatspielen ja ganz schön, aber auf die Dauer wohl nicht das Richtige.*

Sie steckt im Bürgerkrieg, inmitten von Mord und Terror, und er spricht vom *Soldatspielen*. Falscher, kälter, unsensibler kann er kaum reagieren. Nicht nur, dass er die Beschreibung ihrer Flucht mit der Bemerkung kommentiert, bei ihm sei es in Rumänien ähnlich gewesen, er fragt sie auch noch ernsthaft, ob sie dieselbe sei wie früher. Er zieht sogar die Möglichkeit in Betracht, es könne eine andere Liebe in ihrem Leben geben.

Ich weiß nicht, was Er damit meint, schreibt sie zurück und erinnert sich, dass er schon in Alt-Autz von ihr wissen wollte, ob sie einen Freund habe. Ihr war, *als hätte Er mir einen Schlag auf den Kopf gegeben, daß ich besinnungslos war. Er hatte gezweifelt. Er stellte mir eine Frage, die ich Ihm beantworten sollte … Vielleicht meint Er auch heute, ich hätte Ihn belogen.* Und nun tritt er auf, als habe er nie etwas anderes im Sinn gehabt, als sie bei sich zu haben, sie aber habe das Kriegerleben vorgezogen. *Du sollst endlich Ruhe haben*, schreibt er, *und Du sollst wissen, wohin Du gehörst.* Wann sie denn kommen werde, fragt er und fügt hinzu, dass es *eine sehr hübsche und freundliche Zeit* werden kann, die sie vor sich haben.

Mary zürnt. Nunmehr, da sie in Sicherheit ist, sorgt er sich um ein sauberes Bett für sie. Und ausruhen solle sie sich und den falschen Stolz besiegen? *Nein, ich bin nichts als ein kleines dummes häßliches dickes altes Geschöpf, allerdings mit einem furchtbaren Stolz im Leibe. Worauf? Das weiß ich nicht so genau, jedenfalls hat es bis jetzt keiner gewagt u. wird es nicht zweimal wagen, mir in häßlicher Art und Weise entgegenzukommen.*

Am 21. Dezember 1919 der nächste Brief. Mary ist inzwischen in Deutschland, weitergezogen mit den Leuten von der Eisernen Division. An den Straßen, den Läden, den Menschen erkennt sie sofort die Zivilisation. Alles, sieht sie, ist anders, ist sauberer, fortgeschrittener. Aber alles ist auch fremd und kalt.

Sie sagt sich, *es ist nicht dein Land u. kann nicht so sein, wie dein Rußland, dieses Rußland, für das man sich nicht zusammennehmen braucht, für das man seine Stiefel nicht zu putzen nötig hat, für das auch eine verstimmte Mandoline gut genug ist … Obwohl ich immer fort wollte, so hänge ich doch mit allen Fasern an diesem schmutzigen, faulen, unkultivierten Rußland.*

Am Jahresende zieht die Eiserne Division nach Stade weiter, wo sie sich auflöst und teilweise auf umliegende Landwirtschaftsbetriebe und Fabriken verteilt. So sind die Leute leicht erreichbar, falls es noch einmal gegen Russland geht.

Mary aber fährt mit dem Zug nach Berlin.

Mary Gerold, Dezember 1919

Die Glaswand

Auf diesen Tag hat sie hingelebt. Am 6. Januar 1920 ist er endlich da, aber nun hält sich ihre Freude in Grenzen, gedämpft von der Furcht, die Hoffnungen könnten sich als Illusion erweisen. Vielleicht ist seine Liebe längst gestorben, vielleicht haben sie sich wirklich so weit voneinander entfernt, dass die Gegenwart dem erinnerten Bild, die Realität den Liebesbekenntnissen in den Briefen nicht standhält. Sie hat sich gegen Enttäuschungen gewappnet, so gut es geht. Und erschrickt, kaum dass sie den Zug verlassen hat, trotzdem. Kurt Tucholsky ist nicht gekommen. Verloren, unsicher steht Mary auf dem Bahnsteig, fremd in dieser Stadt, die ihr Angst macht und gleich wie eine Feindin begegnet.

Sie geht in eine Telefonzelle und ruft ihn an. Und hört zum ersten Mal wieder seine Stimme. Die Stimme rät ihr, eine Droschke zu nehmen. Sie fährt in die Nachodstraße, sie zahlt und steigt aus, mustert das Haus und geht dann langsam die Stufen nach oben. Sie hat es plötzlich nicht mehr eilig. Vor seiner Tür wartet sie eine Weile, dann erst klingelt sie. Er öffnet, sie begrüßen sich, und sie weiß gleich: Es ist vorbei. Ins Tagebuch wird sie schreiben: *dieser fremde Mann ist es, den du zwei Jahre so geliebt hast?*

Ein erschreckend kühler Empfang: Im Gesicht Tucholskys keine Freude, keine Erleichterung, die Freundin gesund wiederzusehen, nur Bestürzung und Abwehr. In ihrem Tagebuch steht, er habe sich in ein anderes Zimmer zurückgezogen. Er flieht. Jetzt, am Ziel der Wünsche, ist die Glut erloschen, die Liebe erkaltet, die Leidenschaft einer unfassbaren Leere gewichen.

Am nächsten Tag schickt ihr Tucholsky eine Postkarte mit einem kurzen Gruß: *Guten Morgen, Mätzchen! – K.*

Am 13. Januar dann ein Gedicht mit der Widmung: *Für Meli.* Es heißt *Zur Begrüßung* und enthält die Zeilen: *Da ist die Stadt. Und da bin ich. Wir warten. / Tritt nur herein / in diesen großen, bunten Zaubergarten – / denn wir sind dein.*

Aber schon am 20. Januar folgen Sätze der Ernüchterung. Irgendetwas sei nicht in Ordnung, schreibt er. Er hat dieses Gefühl nicht erst seit einer Stunde, sondern schon die ganze Zeit, seit Mary in Berlin ist. Sie verstecke sich, gebe sich nicht mehr wie früher. Er hat den Eindruck, sie leben aneinander vorbei.

Er hält es sogar für möglich, dass sie keine Literaten, sondern Offiziersnaturen um sich brauche, keine schwarzen, sondern blonde Menschen.

Mary bewahrt kühles Blut und geht auf die ungeheuerliche Unterstellung nicht ein. Sie gesteht nur, aus ihrer Haut nicht heraus zu können, sich zu genieren, *wenn ein anderer weiß, wie es in mir ausschaut, ich sage mir, das braucht der andere nicht zu wissen u. das soll er nicht wissen, ich bin nicht der Mensch, der sich einem anderen auf dem Tablett entgegenbringt u. sagt, so, da hast Du mich, so bin ich, so von außen aus u. so von innen.*

Mary friert. Der kühle Empfang hat ihr allen Mut genommen.

Im Tagebuch zwingt sie sich zur Nüchternheit. *Daß man sich in zwei Jahren fremd wird,* notiert sie am 28. Januar, *ist meiner Ansicht nach kein Wunder. Er warf mir heute vor, ich sei so weit von Ihm,... gegen seine Natur kann man nichts ... Haben wir uns ineinander getäuscht, es ist menschlich, u. es bleibt die Erinnerung an eine wunderbar schöne Zeit.*

Aber in einem Brief vom 6. Februar gesteht sie dann doch, wie sie tausendmal am Tage zu ihm laufen und ihm ihr Herz ausschütten möchte. Wie sie sich vornimmt, ihm all ihre Freuden und Sorgen zu erzählen, sobald sie ihn sieht. Aber wenn sie dann zusammen sind, ist sie so befangen, dass es nur zu überstürzten Worten reicht. Es schnürt ihr die Kehle zusammen, sie kommt sich albern vor und fürchtet, als kleines, dummes Mädchen verlacht zu werden.

Briefe, immer nur Briefe wie zuvor, als sie an verschiedenen Enden Europas lebten. Die Briefe gehen hin und her, von einem Stadtteil in den anderen, einer Welt in die andere. Versteckte Hilferufe, Erklärungsversuche, letzte Fünkchen Hoffnung, die dann rasch verglühen.

Es ist nur noch nicht so vertraut geworden, wie ich es gern haben möchte, schreibt Kurt Tucholsky am 30. Januar. *Ich fühle heute und die ganzen Tage: es ist noch nicht das, was ich will. Obs das wird – das erwarte ich.*

Aber am 5. Februar folgt das bittere Resümee ihrer Beziehung: *Es ist irgend etwas zwischen uns, was vielleicht wirklich in der völligen Verschiedenheit zweier Naturen begründet liegt. Du bist da kalt, wo ich glühe – und Du bist da entflammt – soweit Du das sein kannst – wo ich eiskalt bin. Wohin soll das gehn?* Und: *Ich bin irgendwie ganz allein – und das geht nicht.*

Auch Mary ist allein, *grauenhaft allein.* Nie hat sie so gelitten wie in diesem Monat seit ihrer Ankunft in Berlin. Früher, sagt sie, waren sie eins, *u. jetzt lebt man nebeneinander her, oder aneinander vorüber, – ich fühle es daß ich Ihm nicht genüge u. darum, lieber Nungo, wollen wir es bei der Ouvertüre lassen, wollen wir uns nicht mehr quälen, denn das kann man nicht ertragen, ohne daran kaputt zu gehen.*

Sie liebt. Liebt stark und heftig und wehrt sich gegen die Kälte, die Erstarrung. Tucholsky hätte spüren können, wie es um sie steht, aber er hört gar nicht mehr hin. Die Briefe, die Mary ihm schickt, legt er ungeöffnet beiseite. Er will nicht mehr.

Am 16. Februar versucht er noch einmal eine Erklärung. Er stehe vor einem Rätsel, schreibt er. Zwei Jahre hindurch habe er geliebt, *wie man nur jemanden lieben kann … Es ist, wie wenn eine Glaswand zwischen uns ist – und ich kann sie nicht brechen.*

Und dann schreibt er den Satz, der alles entscheidet: *Ich muß es – und Dich – gehen lassen.*

Mary findet den Brief, als sie nach Hause kommt, müde nach einem langen Tag. Sie arbeitet seit Ende Januar als Sekretärin in einem Büro. Eine Weile hält sie den Brief unschlüssig in der Hand, dann öffnet sie ihn, liest rasch und wie gehetzt, bis sie an dem Satz hängen bleibt, der das Ende aller Träume besiegelt.

Es ist der Augenblick, der ihr den Boden unter den Füßen nimmt. Vor einer Woche noch war sie stolz auf ihre Kraft und Stärke, aber sie hat sich überschätzt. *Ich glaube, ich bin zu nordisch, zu schwerfällig.*

Sie habe vieles falsch gemacht, gesteht Mary, aber teilweise, fügt sie hinzu, waren die Verhältnisse daran schuld. *Er sagt, ich sei so teilnahmslos: vielleicht äußerlich, u. außerdem, welches Recht hatte ich dazu, gehörte Er denn mir?, nein und nein, Er gehörte allen anderen aber nicht mir … So leben kann ich nicht, ich muß etwas besitzen, das mich restlos ausfüllt, für das ich lebe, für das ich denke u. fühle.*

Nach dem 16. Februar bleibt es bei flüchtigen Kontakten. Anfang März schickt Tucholsky ihr das Schreiben eines Mannes, der Proviantmeister in Alt-Autz war. Kurz darauf kommt ein Buch mit Nachdichtungen indischer Lyrik, dann wieder ein knapper Gruß.

Erst am 15. Mai 1920, zur Mittagszeit, gibt es eine zufällige Begegnung. Da ist Kurt Tucholsky schon verheiratet.

Kurt Tucholsky, 1920

Intermezzo mit Claire

Am 3. Mai 1920, elf Wochen nach der Trennung von Mary, stürzt sich Tucholsky Hals über Kopf in die Ehe. Sechs Tage später wird die Hochzeit im *Berliner Tageblatt* angezeigt: »Statt Karten. / Dr. jur. Kurt Tucholsky / Dr. med. Else Weil-Tucholsky / Vermählt. / Berlin-Friedenau, Kaiserallee 79«.

Tucholsky verlässt seine alte Wohnung und zieht zu seiner Frau in die Kaiserallee. Weil Siegfried Jacobsohn, einer der beiden Trauzeugen, das Darlehen zurückgezahlt hat und ihm damit *einen kleinen Stein der Sorge vom Herzen* nahm, ist nun auch genügend Geld da, um Möbel kaufen und ein Dienstmädchen einstellen zu können. Das neue Leben kann beginnen.

Wir wissen über dieses Leben beinahe nichts, und auch Else Weil, fast so unbekannt, wenngleich nicht ganz so schemenhaft wie Kitty Frankfurther, ist im Grunde nur als literarische Figur gegenwärtig, als die kesse, quicklebendige, sprudelnde Claire des *Rheinsberg*-Büchleins, die ihrem Schöpfer, so Walter Mehring, das »infantile Schlafzimmer-Gealber« einflüsterte. Damals, im Sommer 1911, hat Tucholsky mit der Medizinstudentin drei übermütige Tage im Schloss verbracht, die ihm hinterher, an der Ostsee, den Stoff für eine kleine, luftige, graziöse Liebesgeschichte lieferten. Er kam mit der Arbeit, *die man wohl so schreibt, wenn man verliebt ist*, wie er 1913 Hermann Hesse bekannte, nur mühsam voran, aber im September hatte er es geschafft, er schickte die erste Fassung an Max Brod in Prag, der einiges an ihr auszusetzen fand. Tucholsky änderte und entwarf einen neuen Schluss, Kurt Szafranski steuerte ein paar Bildchen bei, und Axel Juncker, ermuntert von Brod, machte schließlich ein Buch daraus. Es erschien, broschiert und gebunden, Mitte November 1912, fand beachtliche Resonanz, erreichte 1931 das hundertste Tausend und ist bis heute die populärste Veröffentlichung Kurt Tucholskys geblieben.

In der Erzählung ist eine *bessere Zeit, und meine ganze Jugend,* heißt es Ende 1920, wenn Tucholsky die *Vorrede zum fünfzigsten Tausend* verfasst und die Rheinsberger Tage noch einmal zurückholt. Er war einundzwanzig Jahre alt, ein halbes Jahr jünger als seine Claire, die, geboren am 19. Juni 1889, Else Weil hieß und wie er aus einer assimilierten jüdischen Familie stammte. Sie besuchten beide die Berliner Universität, sie seit Oktober 1910, er schon ein ganzes Jahr länger. Sie hatte sich zunächst für die Philosophische Fakultät entschieden, wechselte im April 1911 jedoch zu den Medizinern. Ihr Berufswunsch stand nun fest: Sie wollte Ärztin werden, ein ehrgeiziges und mutiges Unterfangen in einer Zeit, die Frauen in diesem Studium erst seit kurzem duldete, verbunden mit besonderer Anstrengung, um der männlichen Konkurrenz zu trotzen. (1915 wurden in Deutschland lediglich 233 Ärztinnen gezählt. Ihnen standen 33 000 männliche Kollegen gegenüber.) Daneben besuchte sie Seminare beim Philosophen und Soziologen Georg Simmel, beim Philologen Ulrich von Wilamowitz-Moellendorff und beim Kunsthistoriker Heinrich Wölfflin.

Sie muss eine ungewöhnliche Person gewesen sein, klug, bezaubernd und attraktiv, wenngleich nicht hübsch, wie Heinz Ullstein, der Freund, in seinem Memoirenbuch *Spielplatz meines Lebens* einräumte, aber anziehend. Siegfried Jacobsohn, der sie »die Süße« nannte und nie vergaß, Grüße auszurichten, der in der *Weltbühne* zwei Artikel zu medizinischen Fragen von ihr druckte, war geradezu vernarrt in sie. Er hat nach der Trennung des Paares den Kontakt zu ihr aufrechterhalten. Sein Sohn Peter erinnerte sich vor allem an ihren »wundervollen Sinn für Humor«, den Tucholsky ja auch seiner Claire in *Rheinsberg* mitgegeben hat. Auffallend ihre Hände. Sie seien die schönsten gewesen, die er je gesehen habe, schrieb Ullstein. Bei Kurt Tucholsky heißt es: *Einmal legte die Claire die Hand auf den Bootsrand: diese ein wenig knochige und männliche Hand, auf deren Rücken blaßblaue Adern sich strafften; sah man aber die holzgeschnitzten, langen Finger, so ahnte man, es war eine erfahrene Hand. Diese Fingerspitzen wußten um die Wirkung ihrer Zärtlichkeiten, kräftig und sicher spielten die Gelenke …*

Die Claire des Buches ist im Leben, solange es an der Seite Kurt Tucholskys geführt wird, Claire Pimbusch, genannt nach einer Figur in Heinrich Manns satirischem Roman *Im Schlaraffenland*, der leicht und spritzig eine dekadente, ordinäre, vom Geld regierte Gesellschaft vorführt. Frau Pimbusch, »das verkörperte Laster«, agiert als Gemahlin eines Schnapsfabrikanten, die den Buchhelden Andreas Zumsee, einen verkrachten Journalisten und Dichter, verzückt anhimmelt. Sie hat eine niedrige Stirn, die aussieht »wie zerarbeitet von unzüchtigen Gedanken«, eine lange, scharfe Nase, ein spitzes, kreideweißes Kinn, und der Kopf saß »wie eine farbenprächtige, gedunsene Giftblume auf einem zu dünnen Stengel«. Else Weil, für einen Spaß jederzeit zu haben, hat es nicht gestört, dass Tucholsky ihr ausgerechnet diesen Spitznamen gab, aus dem im täglichen Umgang dann auch Pibein und Pim wurde. Manchmal hat sie sich in Briefen selber als »Deine alte Pibein« verabschiedet.

Es war wohl vor allem ihre erotische Ausstrahlung, die ihn fesselte. Mary hat er später gestanden, ihr vier Jahre lang treu geblieben zu sein.

Die Liebenden von 1911 haben sich offenbar nicht aus den Augen verloren. Schriftliche Zeugnisse sind allerdings rar. Eine Korrespondenz, falls es denn eine gab, blieb nicht erhalten. Einmal, kaum von der Ostsee zurück, schickte Tucholsky ein paar Urlaubsfotos, garniert mit übermütigen, beschwipsten Wendungen, wie sie die *Rheinsberg*-Dialoge dominieren. Später, 1915, nun schon Armierungssoldat und bei Memel stationiert, meldete er sich noch zweimal bei Else Weil mit Ansichtskarten. 1917 kommt sie in einem Gedicht vor, und hin und wieder wird sie auch in Tucholskys Briefen erwähnt. Freilich gibt es seit Ende 1917 nur noch eine, für die er sich wirklich interessiert: Mary Gerold.

Was ihn bewog, Else Weil zu heiraten, ist sein Geheimnis geblieben. Auch Mary erfährt es nicht. Vielleicht, meint sie im Tagebuch, hat er *die Leere nach unserem Auseinandergehen nicht ertragen.* Ausschlaggebend war vermutlich anderes. Else Weil, als »Vollbluterotikerin« beschrieben, ist sinnlicher gewesen, heiterer, gewitzt, warmherzig und hingebungsvoll, nicht so scheu, so verschlossen und empfindlich wie Mary Gerold.

Sie hat 1916 ihr Medizinstudium beendet, im Januar 1918 promoviert und bis zum 1. Oktober 1920 als Assistentin in der Klinik für Frauenkrankheiten und Geburtshilfe an der Berliner Charité gearbeitet, dort eine Station mit fünfundzwanzig Betten geleitet und bei Operationen assistiert. Im Juni 1920, kurz nach der Heirat, erhält sie die kassenärztliche Zulassung und eröffnet in der Kaiserallee 79 ihre eigene Praxis.

Tucholsky ist bei ihr in guten Händen. Er ist nicht mehr allein und wird medizinisch bestens versorgt. Er ist jetzt dreißig Jahre alt, aber er fühlt sich schon ausgelaugt, klagt über Müdigkeit, ist abgekämpft und depressiv. Else Weil hat zu tun, ihn aufzumuntern, zu hegen und zu pflegen. Sie muss sich sogar nach der Scheidung noch um ihn kümmern, »denn wenn Kurtchen mal unpäßlich war«, hat Walter Mehring von ihr überliefert, »dann benahm er sich wie ein richtjes Baby«.

Am Anfang ist die Welt des Paares in bester Ordnung. Else und Kurt Tucholsky gönnen sich, kaum verheiratet, im September 1920 erst einmal einen Urlaub an der Ostsee. Man reist nach Graal bei Müritz und nimmt Quartier in der Pension Buchenhof, indes Siegfried Jacobsohn wieder in Kampen auf Sylt Ferien macht und die Freunde von dort mit munteren Briefen versorgt. »Meine Süßen«, schreibt er dann, wechselt vom Privaten zu Angelegenheiten, die die *Weltbühne* betreffen, und zeigt sich entzückt von Else Weil. Er ist höchst zufrieden mit der Wahl seines Mitarbeiters.

Else Weil, ca. 1910

Aber die Ehe kränkelt, kaum dass sie geschlossen ist. Das Sommermärchen von einst lässt sich nicht erneuern. Mit den Jahren ist die Hitze verflogen, und die Hoffnung, etwas von ihr zu retten, erweist sich als Illusion. Das Leben läuft in getrennten Bahnen, jeder ist von seinen beruflichen Aufgaben in Anspruch genommen, und Tucholsky ahnt schon bald, dass die überstürzte Heirat ein Fehler war.

Er, zerrissen und immer unglücklicher, betäubt sich mit Arbeit, veröffentlicht in jeder Woche durchschnittlich fünf Artikel oder Gedichte, schreibt Chansons für mehrere Bühnen, ist erster Schriftführer im Schutzverband Deutscher Schriftsteller, übernimmt redaktionelle Aufgaben bei der USPD-Presse, spricht auf einer Nie-wieder-Krieg-Kundgebung im Berliner Lustgarten, engagiert sich in der Liga für Menschenrechte und übernimmt die Redaktion der höchst umstrittenen Zeitschrift *Pieron* (Blitz), die 1920 im Abstimmungskampf, der zu entscheiden hat, ob Oberschlesien weiter zu Deutschland oder fortan zu Polen gehören soll, massive antipolnische Ressentiments schürt. Daneben bereitet er einen weiteren Band mit eigenen Texten vor, der Ende 1920 im Felix Lehmann Verlag erscheint. Er nennt ihn *Träumereien an preußischen Kaminen*. Gewidmet ist er einer *jungen Schrumpelhexe aus Kurland*. Die Schrumpelhexe, natürlich, ist Mary Gerold.

Plötzlich, nach einem Wiedersehen mit Mary, ist die alte Leidenschaft wieder da, und alles ist beinah wie damals, als er in Alt-Autz um die junge Baltin warb. Dann dauert es aber doch bis zum Juni 1923, dass er die gemeinsame Wohnung verlässt und sich in Charlottenburg eine neue Bleibe sucht.

Im Jahr darauf, am 14. Februar 1924, wird die Ehe geschieden. Tucholsky, schuldbewusst, zudem finanziell weit besser gestellt, verpflichtet sich zu einer Unterhaltszahlung von monatlich hundert Mark, ist später aber so säumig und nachlässig, dass Else Weil-Tucholsky die Zahlungen einklagen muss.

Siegfried Jacobsohn, von Kurt Tucholsky über die Trennung von seiner Frau informiert, hat die Nachricht kommentarlos zur Kenntnis genommen. Dass er die Entwicklung bedauert, hat er jedoch nicht verschwiegen. Am 17. Juni 1923 schreibt er aus Kampen: »Natürlich sind darüber Worte weder zu sprechen noch zu schreiben. Es wäre nur hübscher gewesen, das nicht en passant in einem fremden Hause zu erfahren. Im übrigen werden wir Pimbusch auf ein paar Wochen zu uns einladen. Hoffentlich nimmt sie an.«

Auch andere Freunde, etwa Kurt Hiller, Gussy Holl und Emil Jannings, halten es wie Edith und Siegfried Jacobsohn: Sie bleiben mit Else Weil in Kontakt. Über ihre Jahre, die nun folgen, ist wenig bekannt. Erst 1997 kommt Peter Böthig, der Leiter des Kurt Tucholsky Literaturmuseums in Rheinsberg, Else Weil durch einen Zufall auf die Spur. Ihre Geschichte hat er, soweit er sie aufklären konnte, in einem Radiofeature erzählt. 2008 macht auch Sunhild Pflug ihre Recherchen in einem Büchlein bekannt.

1926, nach dem Tod des Vaters, gibt Else Weil-Tucholsky die alte Praxis auf, sie zieht zur Mutter in die Charlottenburger Wielandstraße, praktiziert dort weiter, ist nebenbei aber auch, um die mageren Einkünfte aufzubessern, als Sekretärin und in Krankenhäusern tätig. Sie arbeitet bis 1933 mit Eifer und großem Engagement, dann, mit Beginn der Naziherrschaft, wird ihre Situation immer brenzliger.

Zuletzt ist Else Weil-Tucholsky in der Inneren Abteilung des Krankenhauses Friedrichshain beschäftigt. Dort wird der Jüdin offenbar am 25. März 1933 geraten, freiwillig auszuscheiden. Ihr Chef Heinrich Lippmann, selber Jude und Tage später ebenfalls entlassen, bescheinigt ihr am nächsten Tag noch ihre große Fürsorge für die Kranken und ihr »tactvolles Auftreten den Aerzten und dem Pflegepersonal gegenüber«, doch das Papier kann ihr gute Dienste schon nicht mehr leisten. Am 6. Dezember 1933 wird Else Weil, die seit Ende März wieder ihren Mädchennamen führt, um der zusätzlichen Gefährdung durch den Namen Tucholsky zu entgehen, auch die kassenärztliche Zulassung entzogen.

Sie steht vor dem Nichts, hat keine Einnahmen mehr, setzt deshalb auch verzweifelt Tucholsky unter Druck, den fälligen Unterhalt zu zahlen, und verliert die Wohnung in der Wielandstraße, in der sie, seit die Mutter wenige Wochen zuvor gestorben ist, allein lebt. Fortan, bis zum 1. April 1935, wird sie nur noch als Untermieterin geführt, danach kommt sie als Kinderfrau des damals zehnjährigen, als Cartoonist und Musicalclown später berühmten Gerhard Hoffnung in Berlin-Grunewald unter.

Sie hat lange ausgehalten. Vielleicht hoffte sie auf ein Wunder, obwohl mit Wundern nicht zu rechnen war. Vielleicht hat sie aber auch nur Angst vor der Fremde gehabt. Und der Bruder war ja schließlich auch noch im Lande. Aber im Oktober 1938 entschließt sie sich doch noch zur Emigration. Tage später, da ist sie noch in Holland, brennen in Deutschland die Synagogen.

Sie ist gerettet. Noch hat Else Weil nicht die geringste Vorstellung, wie alles weitergehen soll. Das Geld, das sie besitzt, wird nicht lange reichen. Sie fährt nach Paris und weiß, dass man Emigranten dort nicht mit offenen Armen empfängt. Wo sie unterkommt und wie sie sich über Wasser hält, ist unbekannt. Doch dann hat sie Glück: Sie lernt einen Mann kennen, einen Schicksalsgefährten, Friedrich Epstein, einen Chemiker mit Professorentitel, der einst stellvertretender Direktor des Kaiser-Wilhelm-Instituts für Chemie und Elektrochemie in Berlin-Dahlem war. Er ist schon 1934 geflohen und lebt in einem kleinen Pariser Hotel. Sie werden beieinander bleiben und sich beistehen, so gut es geht.

Doch die größten Turbulenzen stehen ihnen noch bevor. Im September 1939, wenn Hitlers Armeen über Frankreich herfallen, werden beide interniert, bald darauf wieder freigelassen, und weil die deutschen Truppen inzwischen einen großen Teil Frankreichs eingenommen haben, fliehen sie nach Süden in den unbesetzten Landesteil, Epstein nach Saint-Cyr bei Sanary, Else Weil nach Aix-en-Provence, wo sie bei Freunden Unterschlupf findet und die Kinder eines Berliner Ingenieurs betreut. Kurz darauf, wenn die Regierung Pétain alle Deutschen in Sammellager bringen lässt, wird sie erneut interniert. Sie kommt nach Gurs, in ein Nest am Fuß der Pyrenäen, wo man in einem guten Monat 428 Baracken errichtet hat, die meisten für die deutschen Emigranten.

In einem von zwei Briefen, die erhalten blieben, wird Else Weil später, am 3. September 1941, ihrem Bruder berichten, wie es ihr ergangen ist: »Was mich betrifft, geht es mir nicht schlecht. Ich war, wie alle Frauen meiner Herkunft ohne Kinder, im Lager von Gurs, aber da ich freiwillig als Ärztin gearbeitet habe, hatte ich alle möglichen Erleichterungen, und ich kam sehr schnell frei. Ich bin nach Aix zurückgekehrt, wo sich viele meiner Freunde befinden... Jetzt bin ich mit einem kranken Freund zusammen, um den ich mich kümmere.«

Else Weil lebt mit Friedrich Epstein in Saint-Cyr, wo Epsteins Nichte Annemarie Meier-Graefe, die Witwe des Kunsthistorikers Julius Meier-Graefe und spätere Frau des Schriftstellers Hermann Broch, ihnen ihr Haus zur Verfügung stellt. Im Frühjahr 1942 jedoch werden beide in das Dorf Salernes gebracht und unter Polizeiaufsicht gestellt.

Der Bruder, der vergeblich versucht, mit Else Weil in Kontakt zu bleiben, hat lange gehofft, sie habe sich in letzter Minute noch vor der drohenden Auslieferung an die Nazis retten können und sei womöglich in die USA entkommen. Erst im Sommer 1945 kommt aus Paris ein Brief, der ihm mitteilt, dass seine Schwester im September 1942 deportiert worden ist. Sie hatte sich nicht versteckt.

Wahrscheinlich hat sie resigniert, kraft- und mutlos nach all der Verfolgung. Möglich auch, dass sie den deprimierten, gebrochenen Friedrich Epstein nicht im Stich lassen wollte. Man brachte sie ins berüchtigte Lager Les Milles. Am 9. September 1942 wird sie in einem Zug mit den Insassen aus acht verschiedenen Lagern nach Auschwitz gebracht. Dort ist sie offenbar noch am Tag der Ankunft, am 11. September, vergast worden.

Rosen für Mary

Kurt Tucholsky ist kaum verheiratet, da erschrickt er schon. Er hat sich entschieden und ist unsicherer, verwirrter denn je. Das Glück, merkt er bald, liegt woanders. Die Frau, die er will, heißt Mary.

Ich weiß, daß das kompletter Wahnsinn ist, hier etwas aufzuschreiben, gesteht er am 2. August 1920. Die Hochzeit liegt erst ein knappes Vierteljahr zurück, als er sich zu einem Rechenschaftsbericht entschließt. Alles, was er in den nächsten Monaten sporadisch auf blauen Blättern festhält, hat mit Mary und seiner Liebe zu tun, mit seinem Versagen, der Misere, in der er steckt, seinen Wünschen. Nur für Mary sind diese Seiten gedacht, auch wenn er sie vorerst nicht aus der Hand gibt. Erst am 2. März 1923 wird er ihr sein *Blaues Tagebuch* schenken.

Kurt Tucholsky hat sie an diesem Augusttag wiedergesehen. Sie war in Begleitung eines jungen Mannes und einer jungen Dame. Sie fuhren in der Straßenbahn und warteten, dass sie hält, und plötzlich, *wie aus der Erde gewachsen*, hat die überraschte Mary notiert, stand er vor ihr. Er zog den Hut und verbeugte sich *wie vor einer Königin*. Sie nickte nur kühl. Eine Gelegenheit, vielleicht ein paar Worte zu wechseln, wollte sie ihm nicht geben. Aber den Weg nach Hause, sagt sie, ging sie wie im Nebel.

Von neuem Wirrnisse und reißende Strudel, dieser schreckliche Zwiespalt. Tucholsky lebt mit seiner Jugendliebe und sehnt sich nach einer anderen. Sehnt sich nach der Frau, die er vor Monaten zurückgestoßen hat, abrupt und erbarmungslos, unfähig überdies, ihr sein Verhalten zu erklären. Er hat zugelassen, dass sie ins Bodenlose fiel, als er seine Beteuerungen von einst widerrief, seine Liebe löschte und sie im Stich ließ. Nun gibt er es zu. Er hat neulich ein Mädchen gesehen, das Marys Augen und Marys Lachen hatte, und unter seinen Büchern fand er ihre letzten Briefe, die unliebsamen, missachteten, ungelesenen Schreiben, die er damals, als sie kamen, hastig beiseite legte, weil sie ihm peinlich waren und an Versprechen erinnerten, die nicht mehr galten.

Jetzt sind die Briefe wieder da. Alles ist wieder da, die ganze Zeit mit Mary und ihr fatales Ende.

Er legt die Kuverts, wie er sie fand, ungeöffnet in den Kasten. Er will die Briefe noch immer nicht lesen. Es ist die Furcht, sagt er, der alte Zauber könne ihn packen.

Ich weiß heute alles, schreibt er an diesem 2. August 1920 ins Tagebuch. *Wie Du im ungünstigsten Augenblick kamst, wie ich damals kein Geld oder doch wenig hatte, wie ich mich schämte, es einzugestehen, wie mir das alles fremd, unbequem, fremd, fremd und noch einmal fremd war – wie ich Dich liebte und wie Du mich zugleich abstießest – abstießest, ohne es zu wollen – wie ich viel, viel zu ungeduldig war, zu rasch, zu schnell – zu schnell im Erotischen wie im Menschlichen – wie ich Fehler auf Fehler beging – und wie ich wußte, daß ich sie beging, und wie ich fühlte, wie mir das alles unter den Händen wegschwand … Und ich weiß doch heute, daß ich nur einmal in meinem Leben geliebt habe.*

Sie ist damals vier Wochen zu früh gekommen, erklärt Tucholsky auch im April 1922. Er hatte kein Geld und wusste nicht weiter. Und als er dann, etwas später, zu Geld gekommen war, gab er es mit vollen Händen wieder aus. Er hatte niemanden, ergänzt er am 5. Juni 1922, für den er das Geld verdiente, und weil er zerstört und durcheinander war, warf er das Glück fort.

Es war wie ein böser Wind, heißt es im *Blauen Tagebuch*.

Die ersten Tage in Berlin müssen Mary, auch wenn sie nicht ohne Befürchtungen kam, wie ein Albtraum erschienen sein. Sie hat einen langen Weg und allerhand Gefahren auf sich genommen und sitzt nun allein in dieser Stadt, angewiesen auf ihre Courage, ihre Findigkeit und ein bisschen Glück. Sie wendet sich an den Baltischen Vertrauensrat, der ihr am 21. Februar 1921 bescheinigt, ein deutsch-baltischer, mittelloser Flüchtling zu sein, dessen Rückkehr in die Heimat aus politischen Gründen nicht möglich sei. Sie sei deshalb gezwungen, ihren Unterhalt im Deutschen Reich zu verdienen.

Ein Quartier hat Mary zunächst in der Pension Simon in der Joachimstaler Straße gefunden. Am 15. Januar 1920 wechselt sie nach Friedenau in die Schmargendorfer Straße, wo sie ein Zimmer bei der Familie des Mechanikers W. Steinmüller mietet. Tucholsky beschreibt ihr vier Tage danach in einer Briefbeilage den Weg zum Polizeirevier und zur *Europäischen Staats- und Wirtschaftszeitung* Unter den Linden. Mary arbeitet dort als Sekretärin im Büro der Geschäftsleitung.

Nach einem Zeugnis vom 12. April 1921, ausgestellt von Dr. Erwin Steinitzer, hat sie seit dem 1. April 1920 das Redaktionssekretariat des Blattes geführt. Das Schreiben hebt ihre Selbstständigkeit, Gewissenhaftigkeit und ihren Fleiß hervor. Ihr allein sei es zu danken, dass man ohne weiteres Personal arbeiten kann.

Er fühle körperlich, dass sie an ihn denke, schreibt Tucholsky ins *Blaue Tagebuch* und muss gleichzeitig gestehen, dass er ganz unsicher ist: *Ich weiß nicht, ob du dich meinem gespaltenem und nervösen Leben einordnen würdest – diesem zackigen Hin und Her – das sich äußerlich ruhig und innerlich so changeant abwickelt – glatt, verbindlich, zum Teil verlogen und schlängelnd. Und das ich doch führen muß, um weiterzukommen. Es ist etwas nicht in Ordnung. Arbeit täuscht mich darüber hinweg – eine Weile. Ich weiß aber genau, daß etwas nicht in Ordnung ist.*

Noch nie hat Tucholsky seine Befindlichkeit, seine Unruhe, die Untiefen seines Daseins so deutlich eingeräumt wie in diesen Tagebuchzeilen. Niemand, der seine Beiträge in der *Weltbühne* liest oder seine Chansons hört, kann ahnen, wie sehr alle Munterkeit und Angriffslust, alle Festigkeit einer bleiernen Müdigkeit abgetrotzt ist, dem Überdruss, der wuchernden Melancholie, einer Unzufriedenheit, die nicht unterdrückt werden kann. Nur selten, zuletzt im Abschiedsbrief vom November 1935 an Mary, wird Tucholsky die Schutzzäune, die sein Innenleben verbergen, so konsequent niederreißen. 1935 freilich war alles entschieden. Da war alle Zuversicht, der gesamte Lebensmut aufgebraucht. Jetzt aber, im Sommer 1920, gibt es noch ein Fünkchen Hoffnung. Es kann, sagt er sich, mit Mary nicht vorbei sein. *Komm wieder*, schreibt er.

Zwei Tage später, am 4. August 1920, schickt Kurt Tucholsky Blumen, *herrlich duftende Rosen, Grüße von einer versunkenen Insel*, dazu ein Buch: Peter Nansens *Die Romane des Herzens*. Mary, geschmeichelt und hocherfreut, vermerkt es im Tagebuch und schließt die Frage an: *Ob wir noch einmal zusammenkommen?*

Fünf Wochen danach ein weiteres Signal, ein Gedicht diesmal, bestimmt für Mary und veröffentlicht am 9. September in der *Weltbühne*. Es heißt *Auf ein Kind* und beginnt mit den Zeilen: *Du lebst noch nicht. / Ich seh dich so le-*

bendig: / ein kleiner gelber Schopf, die Augen blau; ich seh dich an und such beständig / die Züge einer lieben Frau.

Es ist nicht irgendein Gedicht. Kurt Tucholsky macht es kenntlich, indem er die Strophen, was er nur in programmatischen Fällen tut, mit seinem Namen zeichnet.

Bei einer zufälligen Begegnung mit Mary am 24. September kommt er auf die Verse zurück und erzählt, dass es *einen unglaublichen Skandal* gegeben habe. Die einen behaupteten, so hat sie seinen Bericht im Tagebuch wiedergegeben, das Kind sei von der befreundeten und umschwärmten Sängerin Gussy Holl, *die anderen, ich hätte es umgebracht, die dritten, es wäre unmöglich, über so was zu schreiben, – aber glauben will keiner, daß es das nie gegeben hat.*

An einem Septembertag bricht das Eis. Mary lässt sich mitten auf der Straße auf ein kurzes Gespräch ein. *Jemand zieht den Hut*, heißt es im Tagebuch. *Nungo! Als ob er auf mich gewartet hätte.* Er erkundigt sich mit einer spaßhaften Bemerkung vorsichtig, ob sie allein lebe, ob es Heiratspläne gäbe, und irgendwann meint er, es sei *zum Heulen, wie es zugeht im menschlichen Leben.* Er begleitet sie ein paar Schritte, er küsst ihr zum Abschied die Hand, und sie geht, ohne sich noch einmal umzusehen.

Auch Tucholsky hält dieses Treffen im *Blauen Tagebuch* fest: *Ich habe Dich auf der Straße getroffen und bin ein Stückchen mit Dir gegangen. Zum ersten Mal seit damals haben wir länger als zwei Minuten mit einander gesprochen. Und es ist noch da –! Noch! Wie lange noch –! Denn schließlich ist das doch eine Frage der Zeit, daß Dich ein andrer liebt – und ich mag das nicht ausdenken! Augen und Bewegungen und alles wie einst. Die Brust ist Dir voller geworden. Und ich ging daneben, und mir krampfte sich alles zusammen. Was habe ich getan! Ich weiß mich nicht auszudrücken – es ist merkwürdig, wie ich ganz ungefüge bin, wenn ich dies schreibe. Ich denke, es ist das Schlimmste passiert, was geschehen kann: eine stecken gebliebene Liebe. Eine, die nicht zu Ende geliebt ist. Und das kann man nicht verwinden.*

Die Angst wird er nicht mehr los, diese Angst, Mary könnte an einem anderen Mann Gefallen finden. Er fürchtet, dass sie ihm entgleiten wird, *daß Du einmal mit einem sehr lebenstätigen, selbstverständlichen, kräftigen und ziemlich uncomplizierten Mann zusammen leben wirst. Es wird alles sehr glatt und sehr gut gehen. Und ich –?*

Umso heftiger wirbt er nun wieder. Er schickt Grüße und Rosen. Einmal bittet ihn Mary, über ein Erlebnis in der Berliner S-Bahn zu schreiben. Sie hatte sich mit einem Jugendfreund in russischer Sprache unterhalten und war daraufhin beschimpft worden. Er schreibt den Artikel *Maulhelden*, den er mit Zitaten aus ihrem Brief untermauert, und veröffentlicht ihn im Oktober 1920 in der Morgenausgabe der *Berliner Volkszeitung. Ich hätte Ihm gern geschrieben*, erklärt er dazu im Brief an Mary, *daß diese Leute nicht Deutschland sind, sondern nur einen – schlechten – Teil repräsentieren. Ich kann es nicht, wenn ich bei der Wahrheit bleiben soll. Sie sind fast das ganze heutige Deutschland. Der Rest fühlt sich sehr allein.*

Mary erhält das *Bänkelbuch*, das sechs Gedichte von Theobald Tiger enthält, den ihr gewidmeten Band *Träumereien an preußischen Kaminen* und Karten für eine Tucholsky-Lesung. Sie bedankt sich mit zwei Chrysanthemen (*Leider sind es keine Mimosen*). Er lässt ihr Blumen bringen, im Dezember 1920 einen Weihnachtskorb, eine Ledertasche und sein Bild, dann schickt er wieder Karten für seinen Vortragsabend, Rosen, Konfekt, Bücher.

Anfang April 1921 gibt es eine weitere Begegnung, diesmal Unter den Linden. Tucholsky begleitet sie wieder, sie unterhalten sich, er vergnügt sie mit *reizenden Geschichten*; zum Schluss, wenn sie am Ziel ist, verabschiedet man sich mit Händedruck und freundlichen Blicken.

Nicht jede Trennung ist eine, schreibt Kurt Tucholsky am Schluss eines Briefes, wenn er sich am 17. Mai 1921 bei Mary meldet, weil er auf Reisen gehen wird. Er fahre weg, schreibt er fünf Tage später und bekennt, dass er sich damals, als er sie wegschickte, etwas kaputt geschlagen habe, *wahrscheinlich für immer.* Er nehme das und sie mit. *Denn ich habe nicht aufgehört, Dich zu begehren und Dich zu lieben und Dich immer bei mir zu haben.*

Aus Kölpinsee auf Usedom erhält Mary Mitte Juni 1921 ein Kuvert, das nichts anderes als zwei Druckbogen enthält, herausgelöst aus einem 1910 erschienenen Novellenband von Guy de Maupassant. Tucholsky sendet ihr kommentarlos den Text einer Erzählung mit dem Titel *Einsamkeit.* Wer der Verfasser ist, kann Mary den Seiten nicht entnehmen. Sie liest den Text und findet, es könnten ihre eigenen Worte sein, die darin stehen.

Erzählt wird von zwei Freunden, die nach einem Dinner auf den Champs Elysées spazieren und das Elend der Welt beklagen, die ganze Qual der Existenz. Sie rühre daher, sagt der eine, »daß wir immer allein sind und alle unsere Versuche, alle unsere Bemühungen und Bestrebungen haben einen Zweck, der Einsamkeit zu entfliehen«. Auch das Liebespaar, das sie auf einer Bank entdecken, habe nichts anderes im Sinn, als dem Alleinsein zu entkommen. Doch es gelinge nicht. Selbst diese beiden würden immer allein bleiben. Es sei so, wie Flaubert gesagt habe: »Wir sind alle in einer Wüste, keiner versteht den anderen.«

Einige Sätze in der Erzählung hat Kurt Tucholsky unterstrichen.

Dass er mit diesen Seiten auch Marys wunde Stelle getroffen hat, kann er nicht wissen. Erst vor einem Monat hat sie im Tagebuch bekannt: *Ich habe geheult. – Ich weiß, es ist nicht Er, nach dem ich mich sehne, es ist die große Leere, die mich krank macht.*

Einmal, im Oktober 1921, bringt Mary einen Bekannten, der auf der Durchreise nach Riga ist, abends zur Haltestelle. Dort wartet auch Tucholsky, sieht den Koffer und glaubt offenbar, der Fremde sei ihr Freund, mit dem sie verreisen wolle. Drei Tage später schickt er grußlos *einen Riesenstrauß Blumen.* Es ist für lange Zeit das letzte Lebenszeichen, das sie von ihm erhält.

Erst am 3. Februar 1922 meldet sich Tucholsky erneut. Er schickt drei große und prachtvolle Nelken.

Ein Alb legt sich mir stets auf die Brust und treibt mir die Tränen in die Augen, bekennt Mary am Tag danach im Tagebuch. *Ob Er ganz ausgefüllt und glücklich ist? Oder ob Er sich nach mir sehnt? ... wir beide gehörten doch zusammen, wir waren zwei Farben, die einander ergänzten … Warum? Warum? Er hat vier Monate geschwiegen, auch zu meinem Geburtstag und zu Weihnachten – er glaubte, es sei ein Mann da, der mich in Anspruch nimmt.*

Ich habe nicht das Recht, Ihm irgend etwas zu sagen, schreibt Tucholsky am 24. April 1922 an Mary, *und wenn Er heiraten will oder sein Herz weggegeben hat, so soll Er das tun. Ich kann auch nicht die Verantwortung übernehmen, auch nur einen Satz zu schreiben, der Ihn veranlassen sollte, etwas zu tun oder nicht zu tun … Ich weiß nur, ich habe Ihn nicht vergessen.* Am liebsten, fügt er hinzu, würde er heute noch zu ihr gehen und sie um Verzeihung bitten.

Was soll ich Ihm denn verzeihen?, antwortet Mary. *Ich muß Ihm nur immer, u. immer wieder danken – für Alles. M.*

Kurt Tucholsky befindet sich an diesem 24. April, nach eigenem Bekenntnis, *in schlimmer Depression*. Es geht ihm nicht gut. Die Schuldgefühle plagen heftiger denn je, die Ehe ist misslungen, die Tage sind ausgefüllt bis zum Rand, er arbeitet mit Hochdruck, liest, besucht Theatervorstellungen und Kabarettaufführungen, diskutiert mit Freunden und Kollegen, sitzt unentwegt an der Schreibmaschine und zweifelt gleichzeitig immer mehr am Sinn seines Tuns.

Die Stimmung wird düsterer. Die Blutspur, die sich seit Ende des Krieges durch Deutschland zieht, ist immer länger geworden. Am 24. Juni 1922 kommt Außenminister Walther Rathenau bei einem Attentat um, Tage später, am 3. Juli, schlagen Offiziere den Publizisten Maximilian Harden mit Eisenstangen fast tot. Er ist einer der unerbittlichsten Kritiker der skandalösen politischen Zustände im Kaiserreich und in den Anfangsjahren der Weimarer Republik, Gründer und Herausgeber der glanzvollen Wochenschrift *Die Zukunft*, die dreißig Jahre lang, von 1892 bis 1922, erscheint. Harden wird 1927 an den Folgen des Überfalls sterben.

Auch Kurt Tucholsky ist gefährdet. Er erhält anonyme Drohungen, wird als »dreckiger Judenjunge«, als »dämlicher Judenlümmel« und »verkappter Bolschewik« bezeichnet.

Er macht unbeeindruckt weiter, aber die Skepsis, damit irgendetwas zu ändern, verlässt ihn nicht mehr.

Ein Brief aus dieser Zeit taucht erst viel später auf. Er ist undatiert und adressiert an Frl. Mary Gerold, bei Frau Oberlehrer Herrmann, Friedenau, Wilhelmshöher Str. 18/19. *Liebste*, schreibt Tucholsky und geht noch einmal auf die Trennung im Januar 1920 ein, *es ging nicht mehr. Ich habe immer an Ihn gedacht – und Ihn immer herbeigesehnt. Wenn Er noch vergeben kann, was ich damals angerichtet habe.*

Seine Briefe sind – im verschlossenen Couvert – bei Regierungsrat Fritsch, Hamburg, Hagedornstr. 51. Er braucht nur zu sagen, ob sie vernichtet werden sollen oder ob Er sie wieder haben will.

Er soll manchmal an mich denken.

Ich wünsche Ihm alles *Gute!*

Der Brief, ein letzter Gruß, ist der einzige Hinweis auf einen Suizidversuch Kurt Tucholskys. Er ist nach dem 24. September 1920 geschrieben worden, denn an diesem Tag hat er bei der Begegnung mit Mary nach ihrer neuen Adresse gefragt. Der Brief war in Stücke gerissen, Mary hat die einzelnen Teile auf ein Blatt geklebt und verlorenen Text handschriftlich ergänzt.

Dem Schreiben hat sie auf einem Zettel eine Erklärung beigefügt: *Diesen Abschiedsbrief fand ich 1928 bei meinen Briefen an KT. Er war zerrissen u. steckte in dem Umschlag zusammen mit allen meinen Briefen an KT, die ich ihm geschrieben habe. – Als ich von ihm wegging, nahm ich die Briefe mit, weil ich nicht wollte, daß sie in fremde Hände kommen. U. erst nach Jahren setzte ich die einzelnen Teile zusammen u. erkannte was es war …*

Ob der Abschiedsgruß aus dem Jahr 1921 oder 1922 stammt, hat Mary nie erfahren.

Wieder diese Hoffnungen und wieder die Ängste. Wenn er käme, bekennt sie, und ihr sagte: *Es ist alles beim Alten, komm! – Es war eine dunkle Leere, diese lange Zeit*, sie ließe alles stehen und folgte ihm. Gleichzeitig sucht sie sich mit aller Kraft vor einer neuen Enttäuschung zu wappnen, zwingt sich zur Zurückhaltung, mobilisiert ihren Stolz, hält ihre Gefühle unter Kontrolle.

Kurt Tucholsky überschüttet sie unterdessen weiter mit Blumen. *Als ich nach Hause kam*, notiert Mary am 7. Juni 1922, *grüßten mich herrliche rote Rosen*. Eintrag vom 12. Juni 1922: *… und wieder ist ein neuer duftender roter Rosenstrauß angekommen, mit einer Schachtel Konfekt und einem Gedicht … In meinem Zimmer duften heute 19 dunkelrote Rosen in vier Vasen.* Am 16. Juni vermerkt das Tagebuch *neun rosa Rosen*. Sie genießt, schreibt Mary, abends die Farbenpracht und den *berauschenden Duft*. Am 3. Juli neue Blumen: *Ein Riesenfeldstrauß in den buntesten Farben in einer glatten weißen Vase. Ich freue mich unsagbar*. Sie antwortet noch am selben Tag: *Wenn ich den prachtvollen Strauß mit seinen Farbtönen ansehe, könnte ich von meinem Heimatland träumen … Von seinen bunten Wiesen, seinen großen Wäldern.*

Am 19. Juli, nach einem zufälligen Treffen in der Straßenbahn, erwarten sie *wieder Rosen von ihm. Fünf rote Rosen …* Aber diesmal ist die Enttäuschung nach dieser Begegnung nicht zu übersehen. *Ich weiß jetzt*, gesteht sie im Tagebuch, *wir zwei kommen nicht mehr zusammen … Er hat mich auch heute noch gern – er strich mir leise mit der Zeitung über meine Hände – aber es fehlt ihm der Wille und der Wunsch dazu.*

Vier Monate werden noch vergehen, bis Mary im November 1922 ihren Sinn ändert und Tucholsky den *schönsten Brief seit zwei Jahren* beschert. Sie hat diesmal als *Seine Meli* gegrüßt. *Für immer?*, fragt er sofort. Aber sie hütet sich, darauf zu antworten. So leicht will sie es ihm nicht machen, und so erklärt sie ihm nur, *was für einen Kampf der Brief mir verursachte ... Er sollte eigentlich noch etwas netter sein, aber dagegen sträubte sich meine Feder!*

Kurt Tucholsky intensiviert nun seine Bemühungen, Marys stillen Widerstand zu brechen. Er verwöhnt sie mit Grüßen, schickt Süßigkeiten, Revuekarten, ein andermal eine Schokoladentorte und immer wieder Blumen. Beide telefonieren häufig, sie verabreden sich, und sie verbringen im Februar 1923 sogar ein paar harmonische Urlaubstage in Zippendorf am Schweriner See.

Erst jetzt hellt sich Tucholskys Stimmung auf. Er entdeckt die Lebenslust wieder. Vorher, in den langen Monaten des Werbens, der Blumengrüße, des Hoffens auf ein erlösendes Wort aus Marys Mund, war seiner Welt alle Farbe genommen. Er haderte, unzufrieden mit sich und seiner Situation und mit den Zuständen in Deutschland. Er wird immer lustloser, arbeitet wie bisher, schreibt Chansons, Glossen, Gedichte, Buchbesprechungen, Leitartikel, aber er ist mit dem Herzen nicht mehr dabei. Und dass er nicht genügend verdient, wie er meint, obwohl er ja seit 1920 Hausautor bei Rudolf Nelson ist und für ihn Chanson-Texte verfasst, schmerzt. Siegfried Jacobsohn teilt er am 1. September 1922 mit, er werde sich *ein wenig in der Welt nach Verdienstmöglichkeiten* umsehen und möchte deshalb in der *Weltbühne* ein bisschen pausieren.

Es geht in dem Brief ums Geld. Dass er sich wieder keinen neuen Anzug kaufen könne, kontert Jacobsohn mit dem Hinweis auf die eigene, schmerzfreie Bedürfnislosigkeit, auch wenn sie den anspruchsvolleren Tucholsky nicht überzeugen werde: »Sie haben einen Haufen Anzüge und Mäntel: ich habe einen Sommer- und einen Winteranzug und keinen Wintermantel, dafür aber auch kein Geld, mir einen zu kaufen. Sie haben eine vernünftige, anspruchslose Frau, die sogar ein bißchen hinzuverdient.« Im Übrigen habe er, Jacobsohn, keinerlei Passionen, er raucht, trinkt, hurt, tanzt und spielt nicht, er kauft keine Bücher, fährt in der Bahn immer nur dritter Klasse und braucht nichts weiter als einen Schreibtisch. »Je schwerer es wird«, erklärt er dem Freund, »desto mehr wird man eben arbeiten – aber doch nicht aufhängen.«

Erst im zweiten Teil seines Schreibens kommt Kurt Tucholsky aufs Eigentliche zu sprechen: *Was mich vor allem bedrückt, ist die vollkommene Aussichtslosigkeit unserer werten Bemühungen – oder ich will mal sagen: meiner Bemühungen. Ich schreibe neben dem Leben her. Und das kann ich auf die Dauer nicht. Der Grund ist klar: die Dinge sind hier rein wirtschaftlicher Natur – das Politische tritt immer mehr in den Hintergrund. Es fängt an, langweilig und gleichgültig zu werden. Und das möchte ich nicht mehr – schriftstellerisch – erleben.*

»Voriges Jahr«, kontert Jacobsohn, »hatten Sie diese obligate Depression am Anfang des Sommers, dieses Jahr haben Sie sie am Ende. Und wie Sie sie damals überwunden haben, werden Sie sie jetzt überwinden. Denn so, wie Sie die Dinge schildern, gibt's nur eine von zwei Lösungen: entweder Selbstmörder werden oder Schieber. Sie haben weder hierzu noch dazu Talent ...«

Am 7. September kommt Jacobsohn auf die Angelegenheit noch einmal zurück und reagiert damit auf einen nicht erhaltenen Brief Tucholskys: »Harden müde? Dir pikt er wohl! Niemals ist mir ein unsinnigerer Vergleich begegnet. Er ist über Sechzig, Du bist Dreißig. Ihn haben sie halbtot geschlagen. Dir wollen sie erst ganz totschlagen.« Harden, fügt er hinzu, weine um jeden Pfennig. Rund dreihunderttausend Mark werde er, um die Kosten seiner Zeitschrift *Die Zukunft* zu decken, allein vom 1. Januar bis zum 30. September 1922 zusetzen müssen. »Du kriegst für Dein Geschreibsel Geld und zwar von mir ...«

Wochen danach, am 10. Oktober 1922, berichtet Jacobsohn in einem Brief an Maximilian Harden, was Tucholsky ihm anvertraut hat: »Das ist wohl eines der seltsamsten Naturspiele, daß ein Sechzigjähriger mit einem Totschläger achtmal über den Kopf gehauen kriegt und daraufhin wie ein Dreißigjähriger spricht und schreibt.«

Natürlich hat er dabei auch den jungen und schon so müden Tucholsky vor Augen.

Das Kurhaus in Zippendorf verändert alles. Keine Spur mehr vom Überdruss und vom Unbehagen der letzten Zeit. Verjüngt und heiter reist Kurt Tucholsky am 28. Februar 1923 mit Mary zurück nach Berlin. Noch am Abend schickt er ihr einen Brief:

Liebste, ich danke Dir für diese Tage. Ich glaube, ich kenne keine schöneren.

Du bist in meinem Blut – ich kann das nicht aufschreiben … Geh nicht wieder fort … Gibt es noch zwei: Meli und Nungo? Es gibt wohl nur noch ein *Ding:* Uns.

Nungo, dräng Er nicht zu sehr, schreibt Mary zurück. Darum hat sie mit denselben Worten schon einmal gebeten, vor vier Wochen erst. Er müsse doch bedenken, erklärte sie ihm da, dass er doch eben noch ein fremder Mann für sie gewesen sei. Doch Kurt Tucholsky, euphorisiert, lässt sich nicht aufhalten, überhäuft sie mit Fragen, quält sich, weil sie ihre Scheu nicht restlos verloren hat, er will ihre Entscheidung, will ihr ins Herz schauen können, will mehr von ihr wissen, zittert, weil er Angst hat, sie könnte ihm wieder verloren gehen. *Vergiß nicht,* erinnert er sie, *wir haben ja in all den Jahren nur 4 Tage miteinander wirklich* gelebt …

Ich bin so aufgepulvert und frisch wie seit Jahren nicht, bekennt Tucholsky am 11. März, *wenn ich morgens aufstehe, bin ich gleich munter, weil ich weiß, für wen das alles ist – ich bin mobil und setze alles durch, was ich will, weil* Er *da ist.*

Seit dem 1. März 1923 verbringt Tucholsky seine Wochentage im Büro. Er hat jetzt, mitten in der Inflation, Zuflucht in der angesehenen Bank Bett, Simon & Co. gefunden, wo ihn der Bankier und kurzzeitige preußische Finanzminister Hugo Simon, auf Vorschlag von Maximilian Harden und vermittelt vom Chefredakteur der *Vossischen Zeitung,* als Volontär eingestellt hat. *Ich gebe jene kümmerliche »Freiheit« auf, die mir nichts mehr trägt,* schreibt er an Mary, *und ich fange noch ein Mal ganz von vorn an, in einem Laden, wo nichts gilt, was ich zehn Jahre hindurch exerciert habe.* Der Gefahr, durch massive Geldentwertungen den Boden unter den Füßen zu verlieren, ist er damit erst einmal entkommen. Mitarbeiter des Hauses erhalten ihr Gehalt in stabiler Währung.

Am 6. August avanciert Tucholsky zum Sekretär des Seniorchefs Hugo Simon. *Hier ist es sehr schön,* berichtet er am nächsten Tag in einem Brief an Mary. *Die Sache läßt sich nicht grade schlecht an – aber man muß natürlich sich erst einarbeiten – es ist nicht einfach. Atmosphäre und Umgebung sind nicht unangenehm …*

Die ersten Wochen sind schwierig. Kurt Tucholsky, der nie eine Beziehung zum Geld entwickelt und auch keine Ahnung von Konten hat, hospitiert in den Abteilungen der Bank, muss sich am Schalter beweisen, hat Wertpapiere zu bearbeiten und Coupons zu schneiden. Ein Klassenkamerad aus dem Französischen Gymnasium entdeckt ihn eines Tages im Kassenraum, vor sich eine »dichte Mauer von Kunden, Spekulanten, die Papiere schacherten oder Devisen handeln wollten«, und er erzählt, wie Tucholsky, kaum dass er ihn erkannt hat, alles stehen und liegen lässt, mit beiden Händen winkt und ruft: »Willst du ein Viertelpfund Dollars haben? Geschnitten oder im Ganzen?« Die Kundschaft soll der Auftritt sehr amüsiert haben. Tucholsky ist beliebt, er gibt sich aufgekratzt, und man schätzt seinen Humor.

Die liebenswürdigen Späße freilich sind vergessen, wenn der Arbeitstag zu Ende ist. Dieses Bankhaus ist im Ernst nicht das, was ihm den verlorenen Lebenssinn zurückgeben könnte. Vorher, Mitte 1922, ist er schon bei der Mitropa vorstellig geworden. Etwas Festes sollte es sein, ein sicherer Platz in den Zeiten der Krise. Und eine Möglichkeit, dem Journalismus, der Schriftstellerei, dem aufgestauten Überdruss an seiner Arbeit zu entkommen. Von Begeisterung kann keine Rede sein.

»Es ist kompletter Quatsch von Dir, daß man anders nicht leben kann.« Siegfried Jacobsohn hat den Wechsel seines Mitarbeiters ins Bankfach nur murrend zur Kenntnis genommen. »Unbesehen, ohne daß ich weiß, ohne daß ich auch nur ahne, was die Bank Dir trägt«, schreibt er ihm am 15. Juli 1923 aus Kampen, »mach ich mich anheischig, Dir genau so viel zu zahlen (und in demselben Maß und Tempo zu steigern) wie sie, wenn Du von früh bis abends im Zimmer neben mir sitzt, meinen Verlag organisierst, Propaganda leitest und für mich und das Ausland schreibst, was jeweils vorkommt. Selbst Dir wird das auf die Dauer nicht langweiliger sein, als hinterm Ladentisch die Herren Nübell, v. Gerlach und den Herzog von Morena zu bedienen. Also fassel, was es kostet, und fang am ersten Oktober an.«

Eine schriftliche Antwort Tucholskys ist nicht erhalten. Aber auch so lässt sich vermuten, dass er über dieses Angebot kaum nachgedacht hat. Die Tätigkeit, mit der ihn Jacobsohn gern betraut hätte, ist ihm, wie sich später noch zeigen wird, eine eher lästige Vorstellung gewesen.

Das Lachen gefriert, sobald Kurt Tucholsky sich umsieht. Ringsum Unheil, das widerwärtige Berlin, die galoppierende Inflation. Die Tage in der Bank, sagt er, klappern einer wie der andere dahin, nicht einmal die Zeit ist da, rasch einen Brief zu tippen, und abends kommt er spät nach Hause, zu spät, um noch irgendetwas zu erledigen. Übertrieben komisch sei ihm nicht zu Mute, schreibt er im Mai 1923 an Sibylle Schoepf-Witting. *Man atmet wie unter einer Käseglocke, und ich kann nicht sagen, daß man davon heiterer wird. Für wen noch das alles?*

Panter, Tiger und Wrobel machen sich unterdessen in der *Weltbühne* rar. Kurt Tucholsky publiziert wenig in dieser Zeit, Politisches gar nicht. Die großen Ereignisse dieser Jahre, Besetzung des Ruhrgebiets, Hamburger Aufstand oder Hitler-Putsch in München, bleiben unkommentiert. Lieber dichtet er Chansons für das am 1. Juni 1923 eröffnete Kabarett »Die Gondel«, zu dessen Schöpfern er gehört, aber auch hier kein Wort zur Politik. Er hat es satt. Und ist der felsenfesten Überzeugung, dass alle Anstrengung, dieser *Schulklasse Deutschland* die Leviten zu lesen, ohnehin ins Leere läuft.

Liebe Beide, schreibt er Ende Oktober 1923 an Gussy Holl und Emil Jannings, die sich in Italien aufhalten, *wenn Ihr klug seid, dann kommt Ihr nicht mehr wieder. Ich wenigstens glaube, daß es hier endgültig aus ist …*

Mary kann Tucholsky vor seinen Verzweiflungen nicht bewahren. Das Kurhaus in Zippendorf, wo beide das Glück kennen gelernt haben, strahlt noch eine kleine Weile, aber dann verflüchtigt sich seine Hochstimmung rapide. *Es gibt Tage*, notiert Mary 1923, *an denen ich ganz froh bin, an denen ich mich Ihm ganz nah fühle. Und dann wieder gehen wir neben einander, ich fühle Seine Hand, u. ich bekomme einen Schreck u. ich frage mich, wer ist Er? Er scheint mir so fremd und so unendlich fern. –*

Kann Er begreifen, fragt Tucholsky am 19. März 1923, *daß es auf einem Manne lastet: nicht alles und noch mehr geben zu können? Auf einem, der äußerlich wenig ist und fast nichts hat – in diesem entsetzlichen Zwischenzustand, wo lokal und pekuniär alles schwimmt – und doppelt in einer Zeit, wo nur der financielle Untergrund maßgebend ist? Das könnte über alle Schwierigkeiten hinweghelfen …* Das *lastet auf mir* – das *zerrt an mir* – das *quält mich. Und wenn ich dann ins Sinnen komme, wirkt das vielleicht fremd – aber innen drin ist es das nicht. Ich möchte mit Ihm* leben – *und darf nur hier und da mit Ihm zusammensein. Und nicht einmal das. Was mich aufrecht hält, ist Er. Sei Er mein, wie ich Ihn fühle, und stoß Er sich nicht am Äußerlichen. Es ist kantig genug.*

Am 22. Juni 1923 zieht Tucholsky die Konsequenz aus seiner gescheiterten Ehe mit Else Weil, verlässt die gemeinsame Wohnung und zieht in die Charlottenburger Windscheidstraße, wo er bis zum April 1924 in zwei möblierten Zimmern lebt. Der Trennung folgt am 14. Februar 1924 die Scheidung. *Das mit Pimbusch ist ein schweres Kapitel*, schreibt er im November 1923 an Emil Jannings. Er hat den Eindruck, dass es ihr gut geht, aber in manchen Dingen sei sie gereizter und härter geworden. Es sind Züge, die er eigentlich nicht kennt.

Jahre später wird Tucholsky die Art, wie er diese Ehe hinter sich ließ, heftig beklagen. Er hat keine gute Figur gemacht, schlimmer noch: Er hat sich, unsensibel und rücksichtslos, verhalten wie ein Ekel: *Ich war nicht alt und reif genug, um das mit Takt und Delikatesse zu machen – ich war plump, roh, dumm. Ich tat weh, obgleich ich wissen mußte, weh zu tun – und ich tat unnötig weh … Die Frau war mir damals über – man hat das nicht gern, als Mann.*

Für Mary gibt es kein Zurück mehr. Zu lange hat sie gewartet, die Hoffnung wach gehalten, tief im Herzen aber immer noch die Furcht vor der Enttäuschung, sie hat gezittert, wieder gehofft, gesprochen, geschwiegen, ans gute Ende geglaubt. Damals, als sie auseinander gegangen waren, hat sie sich durchaus vorstellen können, mit einem anderen Mann zu leben, auch wenn es vielleicht keine Liebe, keine so starke Zuneigung sein würde. Das ist nun vorbei. Sie hat die Bedenken und Zweifel erstickt und sich gründlich befragt: Es gibt nur ihn, Kurt Tucholsky, ihren schwierigen, gequälten Nungo. Jetzt kümmert sie sich darum, in den Besitz von harter Währung zu kommen, sie denkt schon für zwei, handelt so, wie er es sich wünscht, schreibt Briefe, die sie mit dem Gruß beschließt: *Ganz Seine Meli.*

Aber es gibt Momente, da stockt ihr der Atem, der Boden schwankt, und sie hat mit dem Schrecken zu kämpfen. Schon am 15. Juni 1923 hat sie ihm geschrieben: *Ich bin unglücklich, weil Er nicht glücklich ist, weil Er Kummer hat, weil Er lebensmüde ist und weil ich Ihn nicht froh machen kann, weil ich Seine Traurigkeit durch mein verschlossenes und zurückhaltendes Wesen noch mehr verstärke. Was soll ich tun?*

Wochen danach, am 18. August, wenn sie nach einigen Ferientagen aus Ober-Schreiberhau zurückgekehrt ist, entschließt sich Mary zu einem langen Brief. Es wird ein Hilferuf, die rührende, verzweifelte Beschwörung ihrer Nöte, das mit Fragen durchsetzte Bekenntnis einer Liebenden, die mit allen Fasern um diese Liebe kämpft:

Ich bin heute vom Urlaub nach Hause gekommen, ich habe Ihn nach zehn Tagen wiedergesehen – das, was die ganze Zeit auf mir lastete, ist noch schwerer, noch drückender geworden – ich finde keine Befreiung. Eine unbegründete, unerklärliche Furcht durchzieht meinen Körper, das Herz setzt aus, mir wird es heiß vor Angst. – Wovor? – Geht es nicht?

Er gehört mir nicht, ich kann aus Stolz nicht zu Ihm kommen, wenn ich weiß, ich besitze Ihn nicht bis zum letzten Blutstropfen. – Er sah heute so abgequält, unfroh und müde aus. Die zehn Tage, die ich allein oben war, gaben mir Zeit zum Nachdenken. Ich bin nicht glücklich. – Es gibt Tage, an denen ich es bin, aber dann wieder gibt es Stunden, wo ich kaum atmen kann. Ist es der Altersunterschied?

Für Ihn gibt es nichts Neues mehr, alles ist in allen nur denkbaren Nuancen durchlebt. Er trägt so viel mit sich, es ist nicht wahr, daß ein Mann nur gibt, daß an Ihm nichts haften bleibt. Ich fühle es doch! Ich höre alle Erlebnisse, Momente, Erinnerungen ohne Worte, die in und an Ihm sind. – Es ist nicht Eifersucht – es ist viel schlimmer: es ist der Vorsprung, den Er hat und den ich nie erreichen kann. – Für mich ist es Erleben, neu, ungekannt – für Ihn Vergleichen, Aufklingen einer Saite. Ich will mich an etwas ganz verlieren, daß mir das das Leben erschwert, ich will aber nicht halb sein, nur halb ausgefüllt, nur halb glücklich. –

Ich weiß, daß Er rührend um mich besorgt ist, daß Er mich gern hat – aber das Letzte, das Allerletzte? Vielleicht besitzt Er es gar nicht mehr, hat es an hundert Stellen verbraucht, und ich erwarte etwas von Ihm, das Er nicht zu geben hat?

Ich weiß nicht ein noch aus. Es ist nichts Äußerliches, das mich bewegt, Ihm das zu sagen, aber ich kann es nicht länger mit mir herumschleppen, es reibt mich zu sehr auf.

Es wäre besser, ich könnte oberflächlicher lieben. Vielleicht lerne ich es noch, mich nicht an ein *Etwas ganz zu hängen.*

Ganz seine Meli

Das ist natürlich wahr, räumt Tucholsky ein, *daß wir so aneinander vorbeileben. Und es ist genau umgekehrt, wie Er schreibt – genau umgekehrt.* Er antwortet, kaum dass er Marys Brief gelesen hat. Betroffen schildert er nun seine Angst, die *Heidenangst*, die er hat, Mary nicht zu genügen, zu alt zu sein, sie mit seinen Sorgen scheu zu machen. Er sehnt sich nach ihr, und manchmal fühlt er sich ihr ganz nah. *Und dann kommen wieder Stunden, da schweigt Er. So tödlich und tief – und das macht verstummen.*

Sehe ich Seinethalben *müde aus – ? Ich habe keinen Herbst, keine Wagenfahrt, keine Boote, kein Wasser, kein Meer, keinen Himmel und keinen Schnee. Wovon sollte ich froh aussehen? Und das Herz voller Angst: ja,* darfst du denn überhaupt *einen andern Menschen an Deinen Jammer ketten, an dieses unerfüllte, halb gescheiterte, kaputt gemachte und deutsche Leben niederster Observanz?*

Ja, wenn er sorglos und unbelastet wäre, sagt Tucholsky, wäre alles anders, und Mary hätte ihn ganz. Aber er ist es nicht. *Er teilt mich in der Tat mit etwas: mit meiner Scham über meine Stellung und über meine Lebensführung, die nicht zu mir paßt, und in der ich unsicher bin und unbehaglich und ungemütlich … Das ist es, was schwer macht,* das *allein.*

Kurt Tucholsky hält dieses Leben nicht mehr aus, nicht die Stadt und dieses Land, das sich langsam rückentwickeln werde, wie er meint, und seine Arbeitskraft in Deutschland zu verkaufen sei wohl das Dümmste, was es gebe. Er will weg. Lange schon spielt er mit dem Gedanken, seine Sachen zu packen und loszuziehen, am besten nach Schweden. Schweden favorisiert er seit beinahe zehn Jahren, aber könnte es nicht auch Italien sein? Über Italien hat ihm Jannings gerade den euphorischen Satz ins Haus geschickt: »Hier ist man wirklich Mensch und selbst der einfachste Arbeiter lebt hier besser als ein reicher Mann in Berlin.« Tucholsky liest es mit Interesse: *Vor allem bestätigst Du das, was alle Leute mit offenen Augen über das Ausland sagen: da* leben *die Leute …, eben nicht nur die Reichen, sondern alle.*

Aber der Einladung des Schauspielers folgt er dann doch nicht. Im Bankhaus ist er sicherer.

Am 9. Januar 1924, Tucholskys vierunddreißigstem Geburtstag, wünscht ihm Mary *ein Land, das er bejaht, und ein Leben, das lebenswert ist.*

Da ist aus dem Traum, woanders das Glück zu suchen, ein Vorsatz geworden. An Eduard Plietzsch, den Mitarbeiter der *Weltbühne*, schreibt Kurt Tucholsky Ende 1923: *An dieser Stelle begann Th. Tiger ein neues Leben. (Paris) Und weil Onkel Plietzsch ihm dabei so netten Rat gegeben hat und überhaupt ein Mensch ist, mit dem man Tacheles reden kann, deshalb bedankt sich Tucholsky.*

Dass er sich für Paris entschieden hat, weiß Plietzsch, der Kunsthistoriker und Publizist, aus einer Unterhaltung, die sie in seiner Wohnung geführt haben. Dabei ließ Tucholsky »durchblicken, am liebsten würde er den Kram hinschmeißen und als unabhängiger Schriftsteller nach Paris übersiedeln«. Später sei er plötzlich aufgestanden, habe nach dem Gästebuch gegriffen, eine leere Seite aufgeschlagen und einen dicken Strich gezogen.

Der Text, mehrere Druckseiten lang und gezeichnet von Peter Panter, steht am 3. Januar 1924 in der *Weltbühne* und erzählt von einer *kleinen Reise*, die er selber gerade mit Mary unternommen hat. Graf Koks und seine Frau, die Gräfin, setzen sich Weihnachten in den Zug, er liest in einem Kriminalroman mit dem Titel *Collin ist ruiniert*, in Goslar steigen sie aus, streichen durch die Stadt und die fatale deutsche Gegenwart, sehen in den Gassen die Ausgestoßenen, indes die anderen, der Offizier, der Industrielle, der Landgerichtsrat, in warmen Stuben feiern, sie besuchen einen Gottesdienst, es wird gepredigt, aber es fällt kein Wort, *das einen anging, nicht ein Wort, aus dem die geistige Not dieser Zeit sprach*, und zum Schluss sitzen sie wieder im Abteil, und Graf Koks ist nun nicht mehr Graf Koks, wenn er zu seiner Frau spricht, auch nicht Peter Panter, sondern Kurt Tucholsky:

»Frau Gräfin, wir fahren jetzt in den zwanzigsten Jahrgang der ›Weltbühne‹ hinein! Zehn Jahre davon bin ich auch dabei gewesen, und es waren nicht meine schlechtesten! Das ist die einzige Stelle in Deutschland, wo man sagen kann, wie einem ums Herz ist, und wo ich immer die Wahrheit sagen durfte: ohne taktische Rücksichtnahmen auf Verleger, Inserenten und Leser und ohne jene maßlos törichte Feigheit der großen Presse vor ihrer eigenen ›Kulturmission‹« … »Und warum«, fragte die Gräfin, »sind Sie nicht mehr dabei, Herr Graf?« Da sah der Graf noch einmal von seinem Buch auf und sagte: »Weil die Zeit mir dagegen zu sein scheint. In einem schlecht geheizten Warteraum voll bösartiger Irrer liest man keine lyrischen Gedichte vor. Wenn irgendeiner uns in das Ausland unter richtige Menschen holt, damit wir erst einmal wieder einen klaren Kopf bekommen, Übersicht und Festigkeit, dann will ichs wieder versuchen. Bis dahin

bleibt – über diese Sozialdemokratie, über Industrie-Wegelagerer, Städteaushungerer und Schutzhaftgenerale, über den Bürgerpräsidenten Louis Philippe Ebert, über Radeks sitzen gebliebene Zöglinge und Bayerns Ehrenwortfabrikanten – bis dahin bleibt nur Eines:

Schweigen. Schweigen. Schweigen.«

Die Botschaft ist eindeutig: So lange er in Deutschland lebt, wird es den Publizisten und Schriftsteller Kurt Tucholsky nicht mehr geben. Er möchte gern in sein Metier zurück, aber nur, wenn er seine Zelte draußen, jenseits der deutschen Grenzen, aufschlagen kann.

Die Umsetzung des Plans verlangt sorgfältige und umfassende Vorkehrungen. Ohne festes Einkommen ist der Schritt, zumal bei den Ansprüchen Tucholskys, riskant. Siegfried Jacobsohn, der ihn gern als seine rechte Hand in Berlin gesehen hätte, kommt ihm auch ein Stück entgegen. Er bietet einen Mitarbeitervertrag an, der ihn zu Büroarbeit verpflichtet, aber zugleich die Möglichkeit einräumt, drei Monate des Jahres auf Reisen zu gehen. Es ist ein Teilerfolg, mehr nicht. Trotzdem unterzeichnet Tucholsky den Vertrag am 15. Februar 1924.

Monty Jacobs, seit 1921 Feuilletonchef der *Vossischen Zeitung,* hilft weiter und sorgt dafür, dass ihm der Ullstein Verlag in Paris ein Fixum von achthundert Mark zahlt. Tucholsky muss dafür Betrachtungen, Glossen und Beobachtungen liefern. Überdies sichert er sich in zähen Verhandlungen Nachdruckverträge mit anderen lokalen Blättern, so dass er am Ende ein monatliches Einkommen von etwa zweitausend Mark erreicht.

Die Stimmung bessert sich allmählich. Tucholsky kündigt bei der Bank, wo man den Spötter und humorvollen Erzähler nur ungern ziehen lässt, er beginnt, sein Französisch aufzufrischen, und rüstet, versorgt mit Ratschlägen und Adressen, zur Reise nach Paris.

Bevor er am 6. April 1924 losfährt, erhält Mary noch einen Gruß: – *Damit eine nicht vergißt, – wie sie heißt!* – Die Sendung enthält auch ein metallenes Namensschild. Darauf, eingeprägt, ein Name: Matz Tucholsky.

Aufatmen in Paris

Lieber Dicker, ich bin nun da und melde es diesem. Der erste Gruß geht an Mary. Kurt Tucholsky ist in Paris, erwartungsfroh und alle Poren geöffnet. Sein erster Eindruck: *Berlin im Frieden. Hell, wohlgeordnet.* Er ist am Morgen gleich spazieren gegangen und hat sich in der Metro umgesehen. Mit der Sprache, merkt er, kommt er zurecht und mit dem Geld auch, vorausgesetzt, man bleibt bescheiden.

Er ist etwas trunken gewesen bei seiner Ankunft, wird er rasch zugeben, *mehr durcheinander als ich gedacht habe,* aber das gibt sich allmählich. Er geht abends früh ins Bett und am Tag hinaus in den Pariser Alltag, ein bisschen Straßenleben, Restaurants, ein kleines Museum, eine Revue, die er aber nur zweitrangig findet. Eine leise Enttäuschung in den Briefen an Mary ist nicht zu überhören. Die Stadt macht ihn nicht so fröhlich, wie er geglaubt hat. Es ist kalt und regnerisch, *daher keine so sehr große Freude bei Excursionen.* Und seine Schreibmaschine ist auch noch nicht da. Das ist das Schlimmste. Ohne seine Maschine ist er verloren. Mit der Hand zu schreiben, eine *furchtbare Quälerei,* hat er beinah verlernt: *Mit der Hand kann nicht.* Er weiß überdies, welche Entzifferungskünste er anderen zumutet. Das Resümee: *Überhaupt: dieser Anfang! – Ich wünschte, ich hätte ein paar Zimmer u. säße im Sattel.* Und: *Dicker, so mag nicht mehr. Fühlt zum ersten Mal, daß nicht allein leben kann. Ja. Nu komm man.*

Tucholsky ist im Hotel Grammont abgestiegen, er hat einige Mühe, sich einzugewöhnen, aber nach einer Woche klingt alles, was er Mary berichtet, einige Nuancen freundlicher. Die Stadt, findet er, *ist eine Goldgrube – so vieles gibt es da.* Er war am Eiffelturm und an den Quais der Seine, hat Revuen besucht, eine Gerichtsverhandlung, ein Museum, er hat die Arbeitsmöglichkeiten in der Bibliothek erkundet, sieht die Katakomben, dann auch noch den Père Lachaise, er schreibt sich in der Sorbonne ein und kommt zur Überzeugung, dass man ungefähr ein Jahr braucht, bevor man wirklich eine Übersicht hat. Es fehlt nur noch eine *nette Unterkunft.* Er sucht fieberhaft, verfährt ein *kleines Vermögen,* vergeudet dabei viel Zeit, findet aber nichts. *Alles ist voll u. sehr teuer.*

Aber dann doch ein tröstlicher Gesamteindruck: *Es lastet kein Druck auf einem. Schon jetzt klingt mir nun was aus Deutschland kommt, wie aus dem Keller.*

Am 24. April die erlösende Nachricht: *Ick habe ihr. Die Wohnung nämlich.* Er ist diesmal früh aufgestanden, weil er sonst immer zu spät kam, und hat Erfolg gehabt. Pompös ist es nicht, was er nun gemietet hat, es ist auch kein Bad und kein Telefon da, aber nach all den Laufereien ist er erstaunlicherweise bereit, sich damit abzufinden. Die möblierte Wohnung liegt in der Avenue Mozart, drei Zimmer, eine kleine Küche mit Geschirr, Töpfen und Pfannen, vier Treppen hoch im Hinterhaus, aber er kann wenigstens auf die Straße sehen, und ruhig ist es auch. *Also jetzt geht es los*, liest Mary. Wenn bloß seine Maschine bald käme.

Ich habe erhebliches Lampenfieber, schreibt Tucholsky am 17. April 1924. Er sagt es mit dem Blick auf seine künftige Arbeit. Er kennt die Klischees, die in Deutschland kursieren, sobald von Frankreich gesprochen wird, die Vorurteile, all die schiefen Vorstellungen, genährt in den Tagen des Krieges und seither am Leben erhalten. *Wir haben uns geeinigt*, meldet er Mary nach einem Treffen mit George Grosz, *noch nie ist so viel über eine Stadt zusammengelogen worden wie über das Paris von 1918 – 24. Es ist alles (nicht mehr) wahr. Die Leute sehen immer noch, mit aller Gewalt, die alten Geschichten, von denen nur noch die Kulissen stehen.*

Kurt Tucholsky liebt dieses Frankreich seit seinen Schultagen, und er will nun helfen, die Barrieren, die einer Verständigung im Wege stehen, niederzureißen. Noch muss er viel lernen, vor allem an der Verbesserung seiner Sprachkenntnisse arbeiten, noch kann er nicht mitreden. Ganz klein fühlt er sich deshalb, aber er ist nicht unglücklich. *Ist beinah zufrieden*, erfährt Mary.

Unterdessen verrinnen die Tage, und Siegfried Jacobsohn wird ungeduldig. Er wartet auf die verabredeten Beiträge. Er drängelt, dringt am 5. Mai energisch darauf, die Vereinbarung einzuhalten. Tucholsky bleibt nichts anderes übrig, als in den sauren Apfel zu beißen und mit der Hand zu schreiben. Es fällt ihm schwer. Nein, es geht nicht. Er mietet sich eine Schreibmaschine, flucht ein bisschen, weil er mit der fremden Tastatur nicht zurechtkommt, und liefert seine ersten Paris-Impressionen: *Hier ist es hübsch. Hier kann ich ruhig träumen. / Hier bin ich Mensch – und nicht nur Zivilist.*

Das Gedicht, überschrieben *Park Monceau*, feiert die Erleichterung, den deutschen Zuständen entkommen zu sein: *Ich sitze still und lasse mich bescheinen / und ruh von meinem Vaterlande aus.* Am 15. Mai 1924 steht es, zusammen mit einer kleinen Operetten-Impression, in der *Weltbühne.*

Fast alle Briefe, die Tucholsky in diesen ersten Paris-Wochen schreibt, gehen nach Berlin zu Mary. Oft schreibt er täglich. Er unterrichtet sie über all seine Schritte und Unternehmungen. Vor lauter Lebensfreude, sagt er, sei alles Äußerliche ganz egal. Lebensfreude ist ein Wort, das in seinem Vokabular Seltenheitswert hat. Da macht es auch wenig aus, wenn er wie ein *armer Kuhschlucker* fremd in französischer Gesellschaft sitzt, zuhört und die Personen und Zusammenhänge, von denen die Rede ist, nicht kennt. Er geht auch ständig ins Theater. Das ist *herzhaft schlecht*, aber damit findet er sich ab. *Es ist wegen der Sprache.*

Als er im Mai aufgefordert wird, einen Vortrag zu halten, lehnt er zunächst ab, weil er sich im Französischen noch nicht sicher genug fühlt. *Es ist sehr schade; es geht da um Politik.* Aber dann besinnt er sich und bringt es, nach eigener Aussage, bis Anfang 1926 auf etwa vierzig Vorträge, die er *immer frei* hält, hauptsächlich wohl vor pazifistischen Zentren in Paris. Inzwischen hat er sich auch in Verdun umgesehen. *Dicker, wenn da einer nicht als Pazifist rauskommt*, bekennt er Mary im Juli 1924, *dann ist er eben ein Schwein.*

Ist furchtbar allein – allein wie noch nie. Nach drei Monaten beklagt Tucholsky wieder seine Einsamkeit. *Soll herkommen*, schreibt er Mary am 1. Juli.

Mary, hellhörig nach ihren Erfahrungen mit ihm, seinen Schwankungen, seiner abrupten Kehrtwendung, sucht die Briefe nach Mitteilungen und Andeutungen ab, die ihr verdächtig erscheinen. Die alte Wunde ist noch nicht verheilt. *Aus Briefen*, erklärt sie, *kann man viel herauslesen, am meisten zwischen den Zeilen. Kommt abgespannt nach Hause, findet Brief vor, liest, stolpert über ein Wort, stutzt, wird scheu und läßt sich treiben von allen möglichen Gedanken. Weiß doch, wie Nungo ist u.* war. *Gewiß kann Er tun u. lassen, was Er will, aber möchte nicht auf Flugsand bauen.*

Tucholsky beeilt sich, ihr die Befürchtungen zu nehmen. *Ich führe hier ein Leben wie ein pensionierter Obersteuermannsmaat – ganz kleinbürgerlich und bieder und bin, in der letzten Zeit besonders, fast immer ganz allein*, beteuert er. Kann sie es glauben? Gleichzeitig sorgt er sich, dass sie vielleicht *mit irgendwem herumzieht.* Er will, dass sie zu ihm nach Paris kommt.

Am 26. Juli 1924 reist Tucholsky widerwillig, gedrängt von seinem Jugendfreund Kurt Szafranski, der die Zeitschriftenabteilung bei Ullstein leitet, noch einmal nach Berlin. Im Verlag bereitet man eine neue Illustrierte vor, *Uhu. Das neue Ullstein-Magazin*, und er, durch seinen Vertrag ans Haus gebunden, soll bei der Konzeption und der Vorbereitung des ersten Heftes helfen, mehr noch: Szafranski wünscht, dass er den Posten des Chefredakteurs übernimmt.

Kurt Tucholsky ist die ganze Angelegenheit lästig. *Ah - ich wünschte*, schreibt er an Mary kurz vor der Abreise aus Paris, *ich säße mit Dir wieder hier. Dieses Berlin erfüllt mich mit äußerstem Unbehagen.* Vor Ullstein, fügt er hinzu, sei ihm mies, was vor allem mit Szafranski und seinem Drängen zu tun hat. *Es ist sehr, sehr schwer*, erklärt er, *die Politik der Voss kann ich nicht mitmachen, das, was ich da mache, ist ja schon an sich ein dicker Kompromiß – und dann so etwas –!*

Wie er die fünf Wochen, die für seinen Berlin-Aufenthalt geplant sind, durchstehen soll, ist ihm unklar. *Sie sollen mich doch in Frieden lassen.* Später, 1926, wird er, von Maximilian Harden wegen seiner Arbeit für Ullstein kritisiert, schreiben, dass seine Tätigkeit in Berlin *fast nur technischer Natur* war. Er hatte das Gefühl, sich für diese Aufgabe nicht zu eignen.

Natürlich lehnt Tucholsky, obwohl ein *irrsinniges Geld* winkt, das Angebot, ihn in Berlin zu halten, kategorisch ab. Szafranski, verständnislos, nimmt ihm die Entscheidung übel. »Laß Dir doch den Szafranski in einundzwanzig Reihen den Buckel lang rutschen«, erklärt daraufhin Siegfried Jacobsohn. »Das wär' ja noch schöner, wenn uns das einen Augenblick aus der Ruhe brächte... Ich habe nicht gemeint, daß Du nicht für fünf Wochen nach Berlin gehen sollst – dagegen ist bei guter Bezahlung, die hier ja vorliegt, kein Ton zu sagen –, sondern nur um keinen Preis wieder für immer.«

Der Lichtblick in diesen eher unerfreulichen Berlin-Wochen ist der 30. August 1924. An diesem Tag lässt sich Tucholsky mit Mary im Standesamt Berlin-Friedenau trauen. Aus dem Fräulein Gerold wird nach all den Umwegen doch noch Frau Tucholsky.

Die Furcht vor der Einsamkeit hat über die Bedenken triumphiert. Sie war stärker als die Angst vor der Bindung, die Skrupel Tucholskys, Mary zu überfordern, wenn er sie an seinen Jammer kettet, *an dieses unerfüllte, halb gescheiterte, kaputt gemachte und deutsche Leben niederster Observanz.*

Er könnte nun zufrieden sein, glücklich, erlöst, weil er doch noch ans Ziel gekommen ist, aber er ist es nicht. Ihm fehlt die Ruhe, Zeit zum Ausspannen, die Zeit, das Glück zu genießen. Tucholsky muss arbeiten. Der Ullstein Verlag, in dem man mit Hochdruck an der *Uhu*-Gründung bastelt, nimmt ihn in die Pflicht. Das Atemholen muss er sich aufheben und die Hochzeitsreise auch.

Mary bleibt nichts anderes übrig, als sich in Geduld zu fassen. Glücklicherweise hat sie inzwischen einige Übung darin. Immerhin kann sie hoffen, auf festem Boden zu stehen. Kein Flugsand mehr, kein Sehnen und Zittern, kein Hin und Her, nur noch ein kurzes Warten.

Ihr Anstellungsverhältnis mit der Erdöl-Verwertungs-Aktien-Gesellschaft, für die Mary seit dem 1. April 1920 als Sekretärin tätig war, zuständig für die Korrespondenz und Buchhaltung, hat sie gelöst. Der Generaldirektor des Konzerns bescheinigt ihr im Abschlusszeugnis großen Fleiß, reges Interesse, Sachverständnis und äußerste Korrektheit, rasche Auffassungsgabe und gleichmäßig tadelloses Benehmen. »Frl. Gerold«, heißt es am Schluss, »verläßt ihre Stellung, weil sie sich zu verheiraten beabsichtigt.«

Das Fiasko

Am 16. September 1924, etwas später als gedacht, reist das Ehepaar Tucholsky endlich nach Paris. Es ist Marys erste Bekanntschaft mit der Stadt. Den Arc de Triomphe sieht sie zu ihrer Freude gleich nach der Ankunft. *Es gibt so viel zu staunen*, meldet sie der Mutter am 19. September auf einer Ansichtskarte nach Riga, *daß ich mich erst etwas gewöhnen muß*. Sie ist *mit dem Dicken* den ganzen Tag unterwegs gewesen, auch weil sie nach einer größeren Wohnung Ausschau halten müssen.

Dann aber folgt schon die erste Enttäuschung. Tucholsky, wochenlang von seinen Berliner Verpflichtungen in Anspruch genommen, ist gezwungen, seinen Rückstand bei der *Weltbühne* aufzuholen. Gefesselt an die Schreibmaschine, fällt Marys Pariser Start mit Besichtigungen, Ausflügen, Premieren, Geselligkeiten erst einmal aus. Tucholsky arbeitet. Schreibt mit Hochdruck Berichte, Feuilletons, Glossen, Gedichte. Es geht ihm besser, seit er wieder an der Seine ist, aber die Verträge, die er erfüllen muss, lassen ihm keine Atempause, auch keine Zeit für seine Frau.

Mary ist nun in erster Linie Hausfrau und Sekretärin, sie kümmert sich ums Alltägliche, besorgt die Post und wartet. Wartet darauf, dass ihr Nungo Zeit für sie hat. Dass endlich das Leben beginnt, von dem sie geträumt hat.

Eine Hochzeitsreise gibt es dann aber doch noch. Am 13. Oktober 1924 brechen Mary und Kurt Tucholsky zu einer Fahrt durch die Provence an die Riviera auf, die bis Mitte November dauert. Eigentlich sollte es in die Pyrenäen gehen, aber von der baskischen Provinz, schreibt Tucholsky an Maximilian Harden, habe man ihm abgeraten. Es ist schon zu spät im Jahr. Die Pyrenäenreise mit Mary muss er sich fürs kommende Jahr aufheben. Sie beginnt am 18. August 1925 und endet nach zwei Monaten am 18. Oktober.

Es soll sein nächstes Buch werden, ein Reisebericht. So viel steht von Anfang an fest. Zuerst hofft Tucholsky noch, bei Ullstein würde man vielleicht Interesse an Impressionen aus den Pyrenäen haben und einen Teil der Reisekosten übernehmen, aber der Verlag geht darauf nicht ein. Einen Vorschuss zahlt schließlich der Enoch Verlag, der sich auf Sport- und Reisebücher spezialisiert hat.

Mary Tucholsky auf der Pyrenäen-Reise, 1925

Sie reisen von West nach Ost. Sie besuchen einen Stierkampf in Bayonne, sehen das Baskenland, Klöster, Kirchen, das Schloss Heinrich IV. in Pau, Lourdes, wo man Tucholskys durch einen Sturz arg lädiertes Schienbein verarztet, sehen Täler und Seen, sind in Andorra und fahren zurück über Toulouse. Kaum in Paris, klappert schon wieder die Schreibmaschine. Die Zeit drängt, der Verlag wartet auf das Manuskript, und Tucholsky beeilt sich. Er braucht keine vier Wochen, dann ist es geschafft. Als Buch erscheint der Bericht allerdings erst im März 1927. Bei Enoch lehnt man ihn ab. Siegfried Jacobsohn versucht, ihn bei Ernst Rowohlt unterzubringen, danach bei Kurt Wolff, aber auch sie winken im Frühjahr 1926 ab. Der Verlag Die Schmiede nimmt das Buch schließlich in sein Programm.

Tucholsky ist ein gutes Jahr verheiratet, wenn die Reise beginnt, aber Mary, seine große Liebe, kommt im *Pyrenäenbuch* nicht vor. Ehe er über Andorra berichtet, schiebt er sogar ein kleines Kapitel ein, das er demonstrativ *Allein* überschreibt. Da erzählt er, wie er wieder in einem fremden Hotelzimmer ist, das Stubenmädchen hat sich entfernt, und der Reisende, nun allein, fragt sich, was er hier eigentlich macht. Lieber wäre er jetzt in Paris, aber er ist in den Pyrenäen, und er findet, dass ihn die Pyrenäen überhaupt nichts angehen. *Da treibe ich mich schon seit zwei Monaten umher, laufe und fahre von einem Ort in den andern, wozu, was soll das.* Und am nächsten Tag soll es so weiter gehen. *Ich mag morgen gar nicht aufstehen*, denkt der Reisende. Und dann: *Aber ich gehe ganz früh zu Bett, das sage ich dir. Wem …? Das sage ich dir.*

Es ist einer dieser beiläufigen, dezenten Hinweise, die andeuten, dass er doch nicht allein war.

Sie sind am Ziel ihrer Wünsche, aber sie finden keinen gemeinsamen Nenner. Tucholsky muss, wohin er auch kommt, das Buch im Auge haben, das er zu liefern hat, er bestimmt vermutlich die Routen, die Besichtigungen, den Tagesablauf. Es gefällt Mary nicht. Sie hat auf eine Vergnügungsreise gehofft. Sie möchte endlich die gemeinsamen Tage und ihre Liebe genießen, unbekümmert um alles andere, frei und spontan, und er ist schon wieder an seine Arbeit gefesselt.

Die Fahrt durch die Pyrenäen wird zum Fiasko. Die Stimmung ist gereizt, es gibt Streit, Mary murrt, sperrt sich und opponiert, Tucholsky leidet. Details der Krise kennen wir nicht. Mary hat ihre Aufzeichnungen dieser Wochen, als sie später das Tagebuch ins Reine schreibt, weggelassen. Erhalten bleibt der 1924 in London gedruckte Pyrenäen-Band, den Tucholsky ihr geschenkt hat. Ganz hinten, auf der Landkarte, hat er viele Reisestationen markiert und mit Symbolen versehen. Die Zeichen markieren die Orte, an denen Unfrieden herrschte. Sie bedeuten entweder *Malchen beese* oder *Malchen* sehr *beese.*

Jahre später, im Sommer 1931, wird Tucholsky sich in einem Brief an Marierose Fuchs erinnern, wie er in Paris an der Maschine saß, um die Eindrücke zu verarbeiten: *Nie war ich unglücklicher, zerrissener, ungeklärter und mehr durcheinander, als damals, als ich das ›Pyrenäenbuch‹ schrieb. Das ist nun wirklich ›heruntergehauen‹, etwas, was manche Dummköpfe von ›Gripsholm‹ behaupten, weil sie nicht wissen, was Leichtigkeit ist, und daß man nicht unbedingt schwitzen muß, wenn man Literatur macht. Ich möchte das ›Pyrenäenbuch‹ nicht noch einmal in derselben Verfassung machen müssen – es war grauslich.*

Wenn etwas schief geht, soll sie gleich kommen und sagen: Nein, das will ich nicht, das wollen wir anders machen. Bloß nicht dasitzen *wie ein unheilverkündendes Hexenweib und tagelang nicht reden.* Das hat Tucholsky schon am 20. Juni 1924 geschrieben, als er Mary wieder einmal aufforderte, zu ihm nach Paris zu kommen. Im selben Brief noch so eine Bitte: *Soll kommen – aber soll nicht bocken. Und wenn schon bockt, dann soll mit dieser edlen Gottesgabe und dieser Waffe des Weibes sparsam umgehen und nicht wegen jedem Reisdreck bocken.* Und wenn sie dann bei ihm sei, heißt es am Schluss, *dann muß nie, nie eifersüchtig auf eine Sache sein: auf Nungos Arbeit.* Er sei völlig geistesabwesend, wenn die Maschine klappere, er sehe nichts und höre nichts und wolle auch nichts. *Und das muß für einen andern nicht grade sehr interessant sein. Und diese Mme. Muse ist also die einzige, die mir verstattet ist, wa?*

Es ist seine größte Sorge, die sich nie verlierende Angst: dass er Marys Erwartungen nicht gerecht werden kann. Dass er an seiner Schreibmaschine klebt und sie ihr Los verflucht, mit einem Mann leben zu müssen, dessen Tag keine Regeln kennt, keinen Feierabend, wie ihn andere haben, keine Sonntage, keine Zerstreuung. *Hat gestern ganzen Tag giarbeitet,* schreibt Kurt Tucholsky am 14. Juni 1924, *wollte heute ausgehen und auf einmal ist es drei Uhr nachmittags und sitzt noch immer. Hat sich festgeklappert.*

Wochen danach, am 20. Juli 1924, ein ähnlicher Bericht. Der Sonntag herrlich blau und so schön wie lange nicht, schreibt er an Mary. *Sitzt seit 12 Stunden an der Maschine – war nur mal unten und hat Obst gekauft.* Er hat für die *Weltbühne* eine *böse Kriegsgedenknummer* verfasst, in der *alle fünf Herren* zu Wort kommen sollen, auch Kaspar Hauser, sein jüngstes Pseudonym.

Was ist, fragt sich Kurt Tucholsky, wenn Mary mit seinem Leben nicht zurechtkommt. Wenn sie zufrieden wäre mit einem Mann, *der so still und nucklig dahinlebt wie ein alter pensionierter Oberst. Wenns Dich nun juckt und Du tanzen und Golf spielen und Boot fahren willst –!*

Sich zurücklehnen, ehe das Pensum erfüllt ist, es mit den Schreibpflichten nicht so genau nehmen, auf den nächsten Tag hoffen, der vielleicht die besseren Einfälle bringt, das kennt Kurt Tucholsky nicht. Er ist einer der fleißigsten, gewissenhaftesten Publizisten und Schriftsteller der Weimarer Republik. Er schuftet buchstäblich für fünf, Woche für Woche, schreibt hauptsächlich für die *Weltbühne*, aber auch für Blätter des Hauses Ullstein. 1925 sind es 208 Texte, die er veröffentlicht, 1926 sogar 218. Jeden zweiten Tag, manchmal noch öfter, plumpsen die dicken Kuverts in den Briefkasten.

Zuweilen ist's Fronarbeit. Am 17. Mai 1925 kündigt ihm Siegfried Jacobsohn an, dass er demnächst seinen Kampen-Urlaub antreten wird und deshalb drei Nummern der *Weltbühne* (»keine Kleinigkeit«) innerhalb weniger Tage fertigstellen muss. »Für Dich bedeutet das, daß Du Dich nach Empfang dieses hier, also wohl Dienstag früh, in Dein Arbeitszimmer sperrst und es nicht vor Sonnabend abend verläßt. In diesen fünf gesegneten Tagen verfertigst Du große und kleine Wrobels, große und kleine Panters, Hausers, Tigers, Dienstzeugnisse und verarbeitest die Berge Material, die ich Dir … geschickt habe. Was jeweils bei Tagesschluß vor Dir liegt, läßt Du nicht bis zum nächsten Morgen liegen, sondern gibst es sofort zur Post …«

Dass er mit seinen Artikeln irgendetwas bewirken kann, glaubt Kurt Tucholsky schon lange nicht mehr. Und nimmt sich dennoch in die tägliche Pflicht. Er liest, er beobachtet und kommentiert, informiert über Pariser Theater und französisches Leben, aber dieses Deutschland, dem er glücklich entflohen ist, lässt ihn trotzdem nicht los. Er behält die Politiker und die Richter, die Literaten und Künstler im Blick. Eines Tages wird sich Siegfried Jacobsohn beschweren, weil er sich so oft mit deutschen Zuständen befasse, schließlich sei er Korrespondent in Paris, um den Lesern die französische Welt zu erklären.

Ich arbeite fast jeden Tag von morgens bis abends, schreibt Tucholsky im Mai 1926 an Jacobsohn in einem Briefentwurf, *ich gebe mir Mühe, und man kann gewiß nicht mehr Skrupel und Selbsthaß haben als ich.* Es wird ein langes und grundsätzliches Schreiben, denn es geht wieder einmal um Geld, das nicht pünktlich eintrifft. *Du kennst meinen bis zur Lebensgefährlichkeit gesteigerten Mangel an Größenwahn*, erklärt Tucholsky, streicht den Satz dann jedoch wieder, *aber wogegen ich mich mit aller Macht stemme, ist die Anschauung, als sei in meinem Alter und bei meinem rein äußerlichen Erfolg das Verhungern, Geldpumpen, die Zahlungsschwierigkeiten – als sei das alles ein Normalzustand, über den sich hier und da eine erfreulich pünktliche Zahlung wie ein Geschenk erhebt.*

Natürlich weiß Tucholsky, wie sehr der Freund in Berlin zu kämpfen hat, um die *Weltbühne* am Leben zu halten. »Du möchtest mit 35 Jahren zurücklegen«, meint Jacobsohn Anfang Januar 1926, »während ich mich mit 45 vor Schulden nicht zu retten weiß.« Er kann deshalb die gewünschte Zulage nicht zahlen, und er setzt seinem geschätzten Mitarbeiter die katastrophale finanzielle Situation auseinander. Erst wenn die Schulden getilgt sind, wird er die Bitte um bessere Bezahlung erfüllen.

Anfang Februar kommt Jacobsohn auf die Misere noch einmal zurück. »Mit dem Gelde ist es so«, schreibt er nach Paris, »daß wir zur Zeit ein bißchen flau sind, weil uns kein Aas zahlt.«

Tucholsky braucht Geld, viel Geld. Paris ist teuer, und er lebt auf großem Fuß. Außerdem hat er mit Mary eine Villa in Le Vésinet, einem westlichen Pariser Vorort, gemietet, die im April 1925 bezogen wird. Groß ist der *Pavillon*, den er ironisch auch schon mal zum *Palast* erhebt, nicht, fünf Zimmer, Küche, Bad und Garten, so viel Bequemlichkeit aber gab es noch nie. Walter Mehring erinnert die Gegend an Berlin-Zehlendorf.

Viel Freude wird Tucholsky an dem neuen Domizil allerdings nicht haben. Es ist laut in Le Vésinet. Keine Morgenstille, wie der Prospekt versprach. *Ums Haus herum bellen die Hunde, unsre gefiederten Lieblinge*, heißt es Ende Mai 1925 in der *Weltbühne*, als Tucholsky seinen Umzug beschreibt. *Da bellen sie,*

Mary und Kurt Tucholsky in Le Vésinet, 1925

stumpfsinnig, aufgeregt, ununterbrochen ... Sie reißen an den Stricken, sie springen gegen die Gitter, sie flöhen sich, belfern, quietschen, jaulen, in den Triebaugen Treue zum Futternapf und zum angestammten Herrscherhause ...

Hunde, die er auch *Bellmaschinen* nennt, sind für den lärmempfindlichen Tucholsky ein Graus. Sie nerven, rauben die benötigte Ruhe, machen die Arbeit am Schreibtisch zur Tortur. Le Vésinet wird ihm vom Krach zunehmend verleidet. »Vergifte die Hunde. Aber ziehe nicht um«, rät Jacobsohn im April 1926. Doch da ist Mary längst dabei, eine neue Bleibe ausfindig zu machen.

Such Wohnung!, schreibt Tucholsky im Mai 1926 aus Basel. Mitte Juni eine ähnliche Aufforderung: *Sieh nur mit allen vernünftigen Mitteln, ohne Dich zu überanstrengen, zu, daß Du eine Wohnung bekommst.* Tage später, zu Marys Beruhigung, der Satz: *Wegen des Hauses sollst Du Dich gewiß nicht umbringen – mit Gewalt werden doch solche Sachen nie.*

Mary reagiert am 17. Juni mit einem Schuss Ironie: *Ich habe heute Rücksprache mit Bruder Innerlich gehalten u. er hat mir vorgeworfen, ich sei nicht mit der echten couéschen Energie rangegangen. Ich habe ihm versprochen, daß ich für die 2 (zwei) warmen Mahlzeiten, die ich beziehe,* täglich *nach einem Hause suchen werde.*

Nur zwei Tage später meldet sie, eine Unterkunft gefunden zu haben. Sie ist nach Rambouillet gefahren, eine Kleinstadt mit Schloss und berühmten Gartenanlagen südwestlich von Paris, und da entdeckte sie das Haus, einen Traum, wie geschaffen für sie beide, nur leider möbliert und sehr teuer. *35 000 ist 2 Francs zu teuer,* antwortet Tucholsky. *Rambouillet hättest Du Dir sparen können – da ist, denke ich, gar nichts.*

Mary sucht weiter, fieberhaft und nicht zu entmutigen. In Chantilly, einer Kleinstadt nördlich von Paris mit Schloss und Pferderennbahn, entdeckt sie ein Haus, das sie himmlisch findet, eine Herrschaftswohnung. Die Zimmer sind hoch und groß, eins ist sogar ein richtiger Saal mit einem Fenster zum Garten. Das denkt sie sich als Arbeitszimmer für Tucholsky. Sie ist begeistert. *Dieses Haus bewältigen wir, solide Konstruktion, es soll* zu *still sein in der Straße.*

Aber es gibt keine Zentralheizung und auch kein Bad, und Tucholsky ist besorgt, dass die Installationsarbeiten zu viel Geld kosten: *Natürlich muß die Kirche im Dorf bleiben.* Mary erkundigt sich beim Elektriker nach den Preisen und meint dann, es sei immer dieselbe Sache: Die Häuser würden zwischen acht- und zehntausend Franc kosten, und dann kommen schon *die Riesenbesitzungen für 16–20 000. Dazwischen gibt es nichts.*

Am 22. Juni 1926 ist sie in Fontainebleau, und da steht ein unvermietetes Haus, das sie sich noch einmal angesehen hat. Das ginge durchaus, schreibt sie. Sein Arbeitszimmer könnte auch im ersten Stock eingerichtet werden. Aber sie warnt ihn vorsichtshalber: Zwei Häuser weiter, auf der anderen Straßenseite, liegt ein Kino, in dem dreimal in der Woche gespielt wird. *Beim Kino ist wichtig zu wissen*, erklärt Tucholsky, *ob es klingelt – das tun viele.*

Er zögert, weiß nicht, wie er sich entscheiden soll, Chantilly oder Fontainebleau, stellt Mary anheim, sich noch einmal an den Besitzer des Hauses in Chantilly zu wenden. Dann aber, Anfang Juli, hat er erst einmal von der leidigen Angelegenheit genug: *Soll sich nicht mehr mit Wohnung plagen – das wird vertagt. Jetzt werden Ferien gemacht.*

Einen großen Teil des August 1926 verbringen Mary und Kurt Tucholsky in Le Val André, Cote du Nord. Im Oktober ist die Entscheidung gefallen. Man zieht nach Fontainebleau in ein feudales Anwesen, einen ehemaligen Kardinalssitz mit fünfzehn Zimmern. »Da muß man ja klotzig verdienen«, schreibt George Grosz Mitte 1927 erstaunt an Tucholsky. Er spielt gerade mit dem Gedanken, sich in Paris niederzulassen. An derart herrschaftliches Wohnen kann er natürlich nicht denken.

Aber auch Fontainebleau ist nicht das Richtige. Zwar hat Kurt Tucholsky hier alles, was er immer suchte, ein weiträumiges Haus und Stille, doch nun ist es zu still, zu einsam für einen, der an quirliges Leben gewöhnt ist. Ihm fehlt die Stadt, die Abwechslung, die Berührung mit der Welt, er wird ungeduldig, fahrig, nervös, weil man nur ab und an für ein paar Tage nach Paris kommt. Er steckt, uneins mit sich selber, wieder mitten in der Manneskrise, wie Mary sagt: *so nach der Melodie: »Da, wo ich nicht bin, da ist das Glück …«*

1925 ist das beste Jahr dieser Ehe. Es ist die Zeit, da man nicht in getrennten Wohnungen lebt, eine kurze, bescheidene Zeit der Gemeinsamkeit. 1926 ändert sich das. Tucholsky reist nun viel, reist wie ein Gejagter, hetzt ruhelos von Ort zu Ort, weit davon entfernt, zufrieden, gar glücklich zu sein.

Im Mai 1926 geht es los. Er fährt nach Wien, macht in Basel Station, schickt von dort eine Bildpostkarte an Mary mit Anweisungen für die Wohnungssuche, steigt am nächsten Tag im Wiener Hotel Astoria ab und wartet auf Rudolf Kommer, der im Auftrag Max Reinhardts die vertraglichen Regelungen für eine Revue aushandeln soll. Es soll eine Revue für Fritzi Massary und Max Pallenberg werden. Reinhardt, der Direktor des Deutschen Theaters in Berlin, verspricht sich einen großen Erfolg, nur weiß er nicht recht, wer sie schreiben könnte. Er fragt Siegfried Jacobsohn, und der antwortet mit Bestimmtheit: Tucholsky und Polgar.

Kurt Tucholsky hat schon 1919/1920 für Max Reinhardts Kabarett »Schall und Rauch« gearbeitet und Revue-Erfahrungen beim Schlager- und Chansonkomponisten Rudolf Nelson gesammelt, der auch ein Berliner Kabarett leitete. Außerdem winkt ein Honorar von 5 000 Mark. Die Verhandlungen ziehen sich ein bisschen hin, aber dann wird man sich auch über die Zahlungsweise einig. Tucholsky kehrt nach Le Vésinet zurück, um gleich wieder aufzubrechen und sich am 5. Juni in St.-Valéry-en-Caux, einem Ort in der Normandie, ein Zimmer mit Klavier zu mieten. Hier, in der Abgeschiedenheit, will er seine Chansons und Szenen schreiben, doch die *Königin Humor* hat es nicht eilig. Sie bleibt, wie er bekennt, unsichtbar. Dann wird er krank, will den Vertrag lösen oder vierzehn Tage Aufschub, auch Alfred Polgar erkrankt und kommt nicht dazu, den Grundriss der Revue zu liefern. Tucholskys einziger Trost ist: Er hat diesmal alle Ruhe der Welt. Nichts stört, nichts lenkt ihn ab. Er kann arbeiten.

Am 6. Juli geht es weiter nach Garmisch, wo Fritzi Massary, die umjubelte Operettendiva, ihr luxuriöses Leben führt. Das Haus überwältigend, meldet Tucholsky, Pallenberg reizend und voller Einfälle, der hinzugekommene Musiker wenig begeisternd, das Szenarium, das Polgar mitgebracht hat, ist *Mist*, seine Hochachtung vor dem Kollegen ziemlich erschüttert, das Essen *unbeschreiblich*, die Massary *klug, instinktsicher, sehr pointiert, charmant, ganz natürlich*, aber er kommt ihr nicht nahe. Er braucht *Wärme, Liebe, Verliebtheit, Freude*, hier aber wird gequängelt, und es herrscht *dicke Luft. So kann ich nicht arbeiten*, bekennt er Mary, *und – was wichtiger ist: ich will auch nicht mehr. Weder interessieren mich diese Leute, noch ihre lächerlichen Vorstellungen von dem, was sie »Geist« nennen – noch sonst etwas. Wenn ich nur wüßte, wozu man mich holt – um dann von mir zu verlangen, ich solle ganz anders sein, als ich bin.*

Das Unternehmen, für die bedeutendste Bühne in Deutschland und zwei gefeierte Stars eine große Revue zu schreiben, endet im Desaster. Die Revue wird fertig, Tucholsky hält sie für dünn, Fritzi Massary dagegen ist begeistert, aber produziert wird sie nicht. Das Angenehmste in diesen Tagen ist noch ein Ausflug auf die Zugspitze, doch schließlich nimmt Tucholsky *mit großer Lust* Abschied von diesem Abenteuer.

Er hat genug. Er kommt sich uralt vor und ist doch erst sechsunddreißig. Danach, bei einem Abstecher in München, die nächste Enttäuschung. Er sieht ein Stück Karl Valentins und findet es *schauerlich*, setzt sich in den Zug und ist nach elf Stunden Fahrt im schweizerischen Sils Maria, wo Siegfried Jacobsohn Urlaub macht. Jacobsohn will, dass er Mary kommen lässt, aber Tucholsky telegrafiert erst gar nicht und ist nach drei Tagen schon wieder unterwegs.

Seit er in Paris lebt, gibt es das »Beuteltier« in Tucholskys Briefen, ein Wesen, das es ihm gestattet, Mary bei allen Unternehmungen dabei zu haben. Meist ist sie das »Beuteltier«, das mitgenommen wird, aber manchmal sieht Mary auch ihn in dieser Rolle. *Er weiß doch …*, erklärt sie Ende Mai 1924, *daß Er immer da sein muß, damit ich Ihn fühle und von Ihm weiß …* Im Februar 1925, als die ersten Ehemonate vorüber sind, schreibt sie, angelehnt an ein altes Bilderbuch, *Die Tragödie vom Beuteltier nebst Inhalt oder Zwischen den Rassen*. Das Gleichnis, das sie sich ausgedacht hat, erzählt, wie das Känguru (Tucholsky) annimmt, es habe sein Kind (Mary) gerettet. *Beuteltier steckte seine Schnauze in den Beutel, fuhr aber sofort wieder zurück wie im Leben*. Das Kind war nicht das Kind, das das Känguru kannte, es war fremd, verändert. Das Beuteltier schreckte zurück.

Eine Geschichte von Fremdheit, wo man eigentlich Nähe vermuten sollte, von einem Unbehagen, für das Mary keine Erklärung hat. So muss es schon Else Weil gegangen sein, als sie merkte, wie sich Tucholsky bereits Wochen nach der Heirat schnell und immer radikaler zurückzog.

Am besten kommen sie miteinander aus, wenn sie getrennt sind. Und gereist wird viel in dieser Zeit, meist aber ist jeder allein unterwegs. Sie lebenshungrig, auf der Suche nach Abwechslung, Zerstreuung, neuen Eindrücken, anderen Menschen, er depressiv, die Balance immer in Gefahr, leicht zu erschüttern. Dazu kommen Unstimmigkeiten. Mary, Finanzminister des

Paares, verwaltet das Budget und traut manchmal den eigenen Augen nicht: Es gibt Fehlbeträge, zuweilen erhebliche Summen. Tucholsky hat das Geld wieder mit vollen Händen ausgegeben, für Kleidung, auf Reisen, für Bücher, für Geschenke. Je mehr er verdient, desto leichter, großzügiger geht er mit dem Geld um. Er verdient viel, verdient sogar überdurchschnittlich gut, 1925 über 20 000 Mark (wovon 1 250 Mark gespart werden), 1926 mehr als 26 000 Mark. Da ist das Sparkonto, wie Mary registriert, auf 3 000 Mark angewachsen. Trotzdem kommt Tucholsky mit dem Geld nicht aus.

Freilich: Er hat Verpflichtungen. Seine Mutter unterstützt er gelegentlich mit hundert Mark, sein Bruder Fritz erhält monatlich fünfzig Mark, seiner geschiedenen Frau Else Weil muss er hundert Mark im Monat zahlen (womit er es allerdings nicht so genau nimmt). Er hat eine Lebensversicherung abgeschlossen, für die er monatlich zweihundert Mark aufbringen muss. Für sich selber braucht er, wenn er nicht gerade auf Reisen ist und mehr ausgibt, etwa sechshundert bis siebenhundert Mark im Monat.

Was macht Er mit dem Geld?, fragt ihn Mary einmal, im März 1927, und gesteht, eine unglaubliche Wut im Leibe zu haben. *Dann hat Er im vorigen Monat 1 300 Mark ausgegeben! ... Ich komme mir ganz dämlich vor, daß ich mit seinem Gelde so sparsam bin, wenn Er es aus dem Fenster wirft.*

Die Misere erreicht im Juni 1927 ihren Höhepunkt. Plötzlich ist auch das Gesparte mitsamt den angelegten, wenn auch bescheidenen Dollar-Reserven aufgebraucht. Mary hat es offenbar nach und nach in den Haushalt fließen lassen. Diesmal flucht Tucholsky. Er reagiert entsetzt. Er überschreibt seinen Brief mit dem Wort *Kassensturz*, rechnet die eigenen Ausgaben vor, will wissen, warum auch keine Dollar mehr da sind und gesteht zum Schluss, ganz verzweifelt zu sein: *ich hatte mich so gefreut, daß wir Geld im Safe hatten, ich war wie ein Kind damit, und nun ist alles weg! Warum? Wofür das Ganze? ... Ich bin wie aufgewacht und alle und unglücklich. Es war so schwer zu sparen – und nun ist alles aus.*

Die Irritationen sind kaum noch zu überspielen. Im November 1926 kommt Mary dahinter, dass Tucholsky mit seiner geschiedenen Frau korrespondiert. Es trifft sie im Innersten. Sie könnte, fassungslos, wie sie ist, zu ihm in den Seitenflügel von Fontainebleau gehen, wo er sein Arbeitszimmer hat, und ihm ihr Unverständnis ins Gesicht sagen. Sie unterlässt es. Sie will die

Worte hüten und nicht die Kontrolle über sich verlieren. Sie greift am 27. November 1926 lieber zum Briefbogen.

Ich will nicht bitter werden, aber ich finde entweder man ist anständig und handelt anständig und verlangt dafür keine ewige Anerkennung, oder man läßt sich nicht scheiden.

Er hat mir nie gesagt, daß es so *um sie steht.*

Ich habe aber einen gesunden Egoismus, Eitelkeit, Selbsterhaltungstrieb wie er will und ich bitte Ihn um Folgendes:

Schreib Er mir, wenn Er Lust hat, denn ich kann darüber nicht sprechen, bei dem Gebein seines Vaters, wie Er ehrlich heute zu ihr steht. Bitte nicht lügen, damit verwickelt er die Sache unnütz, Er weiß ich kann eine ganze Portion vertragen. Dann können wir immer noch beraten u. weitersehen. –

Ich sehe ein, heute mehr als früher, daß Er ihr auf ihre Briefe antworten muß. Aber ich bitte Ihn, wenn Ihm etwas an meiner Ruhe liegt, keine sentimentale Correspondenz daraus werden zu lassen. Wozu ist Er Schriftsteller, wenn Er nicht schmerzlos unter der Hand das ›Besetzt-Zeichen‹ geben kann.

Auf einmal ist alles wieder da: ihre Fahrt nach Berlin und wie das Wiedersehen 1920 kläglich endete, die kleinen Flirts, die sie sich in Alt-Autz leistete und auf die er, Tucholsky, mit hochgezogenen Brauen und massivem Argwohn reagierte, die Liebe zu einem Franzosen, mit dem sie dann lieber Schluss machte. Sie gab nach, machte reinen Tisch und baute darauf, dass er genauso ehrlich und aufrichtig ist. Daher die tiefe Enttäuschung, die sich am Ende ihres Briefes noch einmal äußert: *Entschuldige Er, daß mir der Mund übergelaufen ist. Ich sehe Ihrer gefl. Rückäußerung entgegen (schwarzer Kasten auf meinem Schreibtisch), und zeichne als eine Namenlose.*

Das unterscheidet sie von Anfang an: Mary spielt mit offenen Karten, er nicht. Fritz J. Raddatz sagt es härter: »Sie war gerade, Kurt Tucholsky war krumm.«

Tage später die Katastrophe, Tucholskys Sturz ins Bodenlose. Am Morgen des 3. Dezember 1926 stirbt Siegfried Jacobsohn. Ein Gehirnschlag, meldet das Telegramm, aber es war offenkundig ein epileptischer Anfall, der zum Erstickungstod führte. Tucholsky, tief erschüttert, bricht sofort auf und reist mit Mary noch am Abend nach Berlin.

S. J., wie ihn die Vertrauten nannten, war für ihn alles: Freund, Vater, Lehrmeister. Kurt Tucholsky hat ihn geliebt und bewundert, seit er ihm das erste Mal begegnet ist, im Januar 1913. Er, gerade dreiundzwanzig geworden, fand in dem neun Jahre Älteren den Mann, der ihm so viel bedeutete wie kein anderer. Er hat damals, am Anfang einer Laufbahn, die mit *Rheinsberg* schon einen ermutigenden Erfolg gebracht hatte, nach Vorbildern gesucht, erfahrenen Publizisten und Literaten, von denen er lernen konnte. Max Brod in Prag war so einer, blieb es aber nicht lange, auch Hans Erich Blaich, der 1873 geborene *Simplicissimus*-Autor in Fürstenfeldbruck, den Szafranski und Tucholsky im Januar 1913 aufsuchten, ohne ihn anzutreffen. Sie ließen ein *Rheinsberg*-Exemplar da, und Blaich tat Tucholsky den Gefallen: Er schrieb eine freundliche Kritik. Er wies in den Briefen, die sie fortan wechselten, auch auf Wilhelm Raabe hin, den er noch gekannt hat, und steckte mit seiner Begeisterung den Jüngeren an. Er war die frühe Autorität in Tucholskys Leben, geschätzt wegen seiner literarischen Kenntnisse und der heiteren, auch melancholischen Gedichte, die er als Dr. Owlglass verfasste. Die Beziehung endete abrupt mit einem Brief vom 10. März 1920. Tucholsky hatte in der *Weltbühne* Ludwig Thomas *Erinnerungen* glossiert und sich ein paar kräftige Seitenhiebe auf den *Simplicissimus* nicht verkniffen. Blaich war empört. Es ginge nicht an, erklärte er daraufhin, »daß wir privatim miteinander kosen, während Sie öffentlich in schärfster Form dem Simplizissimus die weitere Existenzberechtigung absprechen«.

Die Freundschaft mit Siegfried Jacobsohn steht von Anfang an auf einem ganz anderen Blatt. Sie ist tiefer, wärmer, unzerstörbar. Auch sie beginnt im Januar 1913. Tucholsky, der seit 1911 publiziert, meist im *Vorwärts*, ist im Herrnfeld-Theater gewesen und hat sich, wie er später berichten wird, *krank und wieder gesund gelacht*, und er hat versucht, sein Vergnügen in Worte zu fassen. *Und ich platzte vor Stolz: S. J. ließ mich kommen. Und hat mich dann nie mehr losgelassen.* Am 9. Januar 1913, seinem 23. Geburtstag, steht der Text in der *Schaubühne*. Es ist der Anfang einer Beziehung, die für Tucholsky existentielle Bedeutung erlangen wird.

Jacobsohn, der leidenschaftliche, profilierte, auch gefürchtete Berliner Theaterkritiker, der nach einer Plagiatsaffäre auf den Trümmern seiner Karriere saß, hat 1905, ermuntert von Arthur Schnitzler und Hugo von Hofmannsthal, sein eigenes kleines Unternehmen gegründet und ein Blättchen kreiert, das sich dem Theaterleben widmen wird: *Die Schaubühne.* Er ist ein Arbeitstier, ein Autor mit Geschmack und Stilempfinden, ein strenger und zugleich liebevoller Redakteur, einer, der für seine Sache glüht.

Dass ihm mit Tucholsky etwas Besonderes ins Haus geschneit ist, hat Siegfried Jacobsohn sofort erkannt. Er hält ihn fest, ermuntert und formt ihn, und Kurt Tucholsky, der bald schon mit mehreren Beiträgen in einem Heft vertreten ist, geht durch eine Schule, in der nur die höchsten Ansprüche gelten. *Welch ein Lehrmeister!*, schreibt er, als er 1930 den 25. Geburtstag der *Weltbühne* feiert. *Er war unerbittlich, er ließ nicht nach, mogeln galt nicht – es war ein ehrliches Spiel.* Und dann erzählt er, wie Jacobsohn einmal in seinem Manuskript eine Stelle fand, die ihm unklar war. Das verstehe er nicht, erklärte er, was Tucholsky veranlasste, ihm auseinanderzusetzen, was er habe sagen wollen. Jacobsohn erwiderte nur: *Dann sags.* Es war eine Lehre fürs Leben.

Und nun ist der Freund tot. Ihm ist, als sei von einer Sekunde zur anderen die Welt eingestürzt. Fassungslos versucht er, das Unvorstellbare zu begreifen, und zum Schmerz kommt die bange Frage, wie es weitergehen soll: mit der *Weltbühne*, mit ihm, mit seinen Plänen.

Der vakante Stuhl

Am Kleiderhaken hängt noch die Samtjacke. Sie stehen im Zimmer, das Jacobsohns Reich war, sie bemühen sich, nicht auf die Jacke zu starren, und suchen das Unabänderliche zu fassen. Unter den eilig benachrichtigten Freunden herrscht »eine Stimmung unterdrückter Tränen«, schreibt Carl von Ossietzky. Sie müssen beraten, wie es weitergehen soll. Und die nächste Nummer der *Weltbühne* fertigstellen.

Den Nachruf, der das Heft am 7. Dezember eröffnet, hat Kurt Tucholsky verfasst. *Gib deine Waffen weiter, S. J.!*, schreibt er am Schluss. Er hat sich den Satz, der allen Mut machen soll, von Wilhelm Raabe geborgt.

Tucholsky braucht ein ganzes Jahr, bis sich die Worte einstellen. *Ich bin damals*, bekennt er dann, *nicht imstande gewesen über SJ ruhig zu sprechen, nicht über unsre Beziehungen, nicht über seine Persönlichkeit, über gar nichts – ich war ziemlich zu Ende.* Nur eines ist von Anfang an klar: Er, der älteste Mitarbeiter, wird Jacobsohns Werk weiterführen, den vakanten Platz einnehmen, die *Weltbühne* leiten.

Ihm ist elend zumute. Um Berlin wollte er künftig einen Bogen machen, nun ist er wieder hier und weiß nicht einmal, von welcher Dauer der Aufenthalt ist. Mary, die noch an der Trauerfeier teilnahm, ist wieder in Paris. Er hat sich eine Wohnung gemietet, fährt Tag für Tag in die Redaktion, setzt sich an den Schreibtisch, an dem er nie sitzen wollte, macht, so gut es geht, seine Arbeit, telefoniert, organisiert, redigiert, kümmert sich um den Druck in Potsdam.

Doch die Arbeit liegt ihm nicht, nicht das Planen und schon gar nicht die Beschäftigung mit fremden Manuskripten. Er ist nicht der Mann, der ein Orchester führen kann, er ist Solist. Er stöhnt, er leidet. *Ich fühle mich maßlos unbehaglich*, schreibt er seiner Frau. Wolf Zucker jedoch, noch von Jacobsohn als Volontär beschäftigt und nun Redaktionsgehilfe, wird sich Jahrzehnte später an einen eher gemütlichen Tucholsky erinnern, der viel telefonierte und den Tag über Besucher empfing, auch Leute, die mit der *Weltbühne* nichts zu tun hatten. Die Wochenschrift erscheint wie gewohnt, jetzt auf dem Titelblatt mit dem Vermerk: »Begründet von Siegfried Jacobsohn / Herausgeber: Kurt Tucholsky«. Aber der Mann, der ihr nun das Gesicht gibt, ist nach eigener Aussage unglücklicher denn je.

Die Schauspielerin Pauline Nardi, die ihn in diesen Tagen erlebt, wird ihn später, in einer 1947 veröffentlichten Erinnerung, als Geschlagenen schildern, der den Verlust kaum erträgt. »Er schien völlig verwandelt«, schrieb sie, »sehr traurig, schüchtern, müde und ohne Impuls.«

Die Briefe, die er an Mary schickt, sind durchsetzt mit Klagen. Es gibt *schrecklich viel Arbeit*, heißt es am 8. Januar 1927. Und: *Ich fühle mich hier etwas...* Er schreibt den Satz nicht zu Ende. Am 9. Januar: *Ich bin nicht am Leben und will es nicht mehr. Ich weiß von nichts und verblöde völlig.* Am 12. Januar: *Ich denke, hier geht das Beste von mir in die Binsen: mir bekommt die Stadt nicht, alle meine schlechten Eigenschaften entfalten sich in ihr.* Am 18. Januar: ... *mir ist hundesauelend zu Mute, und ich weiß gar nicht mehr weiter.*

Die Lage ist prekär. Edith Jacobsohn will die *Weltbühne* verkaufen, die Verhandlungen ziehen sich hin und scheitern schließlich. Und Tucholsky ist ratlos. Er könnte das Blatt führen, natürlich. Er besitzt genügend journalistische Erfahrung, er hat Stilempfinden und einen Namen. Wäre es nicht sogar seine Pflicht, an die Stelle des toten Freundes zu treten? Sich einen Ruck zu geben, von den eigenen Interessen, auch dem aufgestauten Überdruss erst einmal abzusehen? Er war schließlich Jacobsohns bester, fähigster Mann.

Doch dieses Berlin ist ihm zuwider, *so widerwärtig, wie ich gar nicht sagen kann.* Soll er hier bleiben und allmählich verkümmern? Oder kann man die Redaktion von Paris aus dirigieren? Er schwankt, berät sich mit Mary, tendiert für Paris, weiß jedoch wie alle anderen, mit denen er spricht, dass dies bedenklich wäre, sehr bedenklich sogar. *Und das Allerschlimmste ist: ich will das ja alles gar nicht. Und ich habe nicht den Mut, Nein zu sagen – alle, alle ... sagen, ich sollt es machen. Und ich fühle, daß ich es nicht kann – mich langweilt es – ich bin so müde ... Geb ichs jetzt aber ab, dann ist es in ein paar Wochen kaputt, daran ist kein Zweifel. Was soll ich nur tun?*

Noch ist der Januar 1927 nicht vergangen, da fragt Tucholsky schon, wie wohl das nächste Jahr aussehen wird. *Ich möchte immerzu weinen*, gesteht er Mary, *es ist, wie wenn alles unter den Fingern zerbricht.* Hinzu kommt: Er fürchtet um seine Produktion. Dass keine Zeit und keine Kraft zum Schreiben mehr bleibt.

Mary liest die vielen Sätze und hat ihre Zweifel. *Warum soll in Berlin alles unter den Fingern zerflattern und keine Konzentration möglich sein?* Sie kann es nicht glauben. Und widerspricht. *Im Gegenteil*, schreibt sie am 11. Februar, *da Er die Stadt und die Leute nicht liebt und sie kennt, kann sie Ihm also nichts bieten und Ihn nicht ablenken … Er kämpft immer gegen Phantome … Entweder Er ist ein freier Mensch, dann kann Er genau so frei da leben wie in Paris … Ich glaube, Er redet sich zu 50 % künstlich in Schwierigkeiten und in Abneigung zu Stadt und Leuten, die vollkommen unnotwendig ist.*

Aber Kurt Tucholsky hört nicht auf Mary. Er hat sich in seinen Berlin-Hass, seinen Unwillen so hineingesteigert, dass ihn ihre Argumente nicht erreichen.

Fünf Monate, bis zum Mai 1927, dauert es, dann ist er die quälenden Ungewissheiten und die Last, die er nicht tragen will, los. Den Platz des verantwortlichen Redakteurs wird nun Carl von Ossietzky einnehmen, der jüngste Mitarbeiter, den Siegfried Jacobsohn erst 1926 für die *Weltbühne* gewonnen hat.

Tucholsky atmet auf. Und flieht wieder nach Paris.

Er sei immer allein und sehe keinen Menschen, hat er Mary aus Berlin geschrieben. Eine Übertreibung, kein Zweifel. Mary, die unentbehrliche Beichtmutter dieser Wochen, die besonnene, von sich selbst absehende Ratgeberin, weiß ja aus seinen Briefen, dass er mehrmals im Theater war, auch bei Jakob Wassermann, und dass er mit Zuckmayer, Brecht und Walter Mehring zusammengetroffen war. Nur vom Künstlerball, den er am 25. Januar 1927 besuchte, hat er nichts erzählt. Erst recht nicht von der Frau, die er dort kennen gelernt hat, Lisa Matthias. Sie wird schon bald seine Geliebte sein.

Die gemeinsamen Tage mit Mary sind da schon gezählt. Die Spannungen nehmen zu. *Nu, was macht –? Nu, hat Sehnsucht. Nu, komm her*, schreibt Tucholsky am 15. März 1927 nach Paris. Am 19. März ein weiterer Ruf: *Nu sei Er gescheit, und wenn Er herkommt und es gut geht, dann soll wieder Mala sein und zusammenwachsen und da sein.*

Mary, die ihre Ehe immer skeptischer sieht und schon erwogen hat, eine Weile in den Süden zu gehen, kommt Anfang April 1927 tatsächlich nach Berlin. Es soll ein Neuanfang werden, aber das Wiedersehen endet im heftigen Streit. Tucholsky hat ihr 1923 ein Stück von der Uhrkette seines Vaters geschenkt und auf ihrem Arm festlöten lassen. Mit den Worten *Du bist frei* reißt sie sich die Kette nun vom Arm. Er nimmt sie und schleudert sie wütend auf den Boden.

Ende Mai 1927 trifft man sich in Kopenhagen wieder. Mary ist auf dem Weg nach Riga, wo sie nach langer Zeit ihre Familie besuchen und ein Vierteljahr bleiben wird. Wochen zuvor, Ende April, hat sie die Wohnung in Fontainebleau aufgelöst. Tucholsky will in einem stillen Winkel Dänemarks für den Rowohlt Verlag sein neues Buch *Mit 5 PS* zusammenstellen, *so eine Art Ordnung meines Nachlasses.* Er bringt seine Frau noch zum Schiff, dann fährt er weiter ins südwestlich gelegene Mogenstrup Kro, wo er sich am 9. Juni in einem kleinen Landgasthof einquartiert.

Die Stimmung ist nach wie vor trüb, das Nervenkostüm arg strapaziert. In einem Brief an George Grosz spricht er vom *idiotischen Pflichtbewußtsein*, das ihn sechs Monate lang an Berlin fesselte, viel Nervenkraft kostete und einen Haufen Geld. Er ist darüber noch immer nicht hinweg. Enttäuschend auch Kopenhagen, *sehr provinziell, ganz hübsch, aber nicht mehr.* Er ist unzufrieden und ungehalten, denn die Jahrgänge der *Weltbühne*, die man ihm schicken soll, weil er sie für sein Buch durchsehen will, treffen nur nach und nach ein. *Mir ist mies*, schreibt er an Mary und grüßt *mit gedämpftem Saitenklang.*

Kurt Tucholsky stürzt sich in die Arbeit. Tippt ein paar Dänemark-Impressionen, Gedichte, Feuilletons, politische Kommentare zu deutschen Vorgängen, das meiste für die *Weltbühne*, er wirft die Kuverts in den Briefkasten und wartet. Aber aus der Berliner Kantstraße dringt kein Laut in seine Einsamkeit. Carl von Ossietzky schweigt. Er druckt alles, wie er's erhalten hat, aber er bleibt stumm und nährt damit, ohne es zu ahnen, sämtliche Vorbehalte, die Tucholsky gegen seinen Nachfolger hegt. Er ist heilfroh, dass der sich ins Joch spannt und die Geschäfte, die ihn, Tucholsky, zermürbten, weiterführt. Aber der Mann ist nicht nach seinem Geschmack. Tucholsky findet ihn spröde und faul, und er ist überzeugt, dass das Blatt unter seiner Leitung Schaden nehmen wird. Er kommt nicht auf die Idee, dass seine Urteile Vorurteile sind. Er ist ungerecht, und er irrt. Ossietzky, er wird es bald selber merken, ist kein Versager. Mit beispielhafter Disziplin und großem Einsatz hält er die *Weltbühne* auf Kurs. Sie verliert keine Abonnenten, verliert auch nicht ihr Niveau, und sie geht auch nicht dem Untergang entgegen. Sie erhält durch ihn neuen Schwung.

Carl von Ossietzky hat nur einen Fehler: Er ist nicht Siegfried Jacobsohn. Der reagierte, ermunterte, lobte, stachelte an, kritisierte, schimpfte auch mal. Das Gespräch riss nie ab. Die Beiträge, die die Mitarbeiter schickten, waren im Grunde ja nur Briefe an S. J. Das sagt der Wirtschaftsjournalist Richard Lewinsohn, der unter dem Pseudonym Morus für die *Weltbühne* schreibt, beim Treffen in einem Kopenhagener Café, und Tucholsky gibt ihm recht. *Genauso war es*, schreibt er nach Riga.

Ossietzky dagegen bleibt unsichtbar. Es gibt keinen Adressaten mehr, keine Rückkopplung, keinen Austausch, keine Verständigung, keine Fragen. Nie war Tucholskys Beziehung zur *Weltbühne* so unpersönlich und unbefriedigend, so sehr Einbahnstraße wie jetzt. Immerhin findet er Ende Juni 1927, dass *Oss* sich große Mühe gibt, *er wird auch bunter, man kann es nicht anders sagen.*

Das Leiden jedoch nimmt kein Ende, und auch die Arbeit am neuen Sammelband kommt nur langsam voran. *Ich bin unglücklich und zermanscht*, erklärt Tucholsky, *und mein Leben ist falsch.* Ständig solche Befunde. *Sonst ist hier tiefe Depression*, heißt es Tage später, *während der aber gearbeitet wird. Ich glaube, es ist wirklich alles falsch. Wozu mache ich lauter Dinge, die ich nicht meeg?*

Er blättert die Jahrgänge der *Schaubühne* und *Weltbühne* durch, er liest, wählt aus und klebt *wie ein Affe*. Was einmal im *Flieger* stand, hat er nur mit leisem Schaudern lesen können. Im Übrigen merkt er wieder, *daß ich viel besser arbeite, wenn ich allein bin.* In Paris, gesteht er Mary, hat er immer *dieses dumme Dienstgefühl gehabt – ich weiß nicht, woher. Als müßte ich irgend etwas tun, als absolviere ich nur ein Pensum. Statt zu leben. Wir wissen wirklich nicht, was wir wölln.*

Wenn man ihn in Frieden lässt, meint Tucholsky, geht alles ganz gut. Wenn er indes an die unendliche Zeit denkt, die er in Paris an der Schreibmaschine zugebracht hat, fragt er sich allerdings, wofür er das alles getan hat: *Für Dienst? Was soll das alles? Hat das irgend einen Sinn? Kommt man so auch nur um eine Spur weiter? Mit den Teppichleuten kann ich doch nicht konkurrieren – aber mit mir selber schon. Wenn man so ganz still leben könnte, damit man mal in Ruhe* eine *Sache durcharbeitet, sich wirklich mit der beschäftigt und nicht immerzu schmieren müßte. Aber selbst das Schreiben wär zu ertragen, wenn nicht dieser Rumor wäre. Und nun ohne zu Hause. Und kein Geld. Hier, in der Schweigeeinöde habe ich mir vieles überlegt. Ich glaube, es ist alles falsch.*

Mit welchen Gefühlen wird das in Riga gelesen? Dass die Blütenträume nicht reifen würden, dass sie doch auf Flugsand gebaut hat, ist Mary vermutlich bald bewusst geworden. So ist es immer gewesen im Leben Tucholskys, schon damals, als er Else Weil geheiratet hat: Er sucht, und wenn er gefunden hat, was er suchte, bricht er schon wieder auf, in höchster Eile, wie von Furien gehetzt. Er will die Nähe und hält sie nicht aus, sehnt sich nach Bindung und flieht sie sogleich. Er ist bindungsunfähig und wird das bis an sein Ende bleiben. Das Bessere ist immer das, was er gerade nicht hat. Das Alleinsein nervt, und die Ehe nervt auch. Wenn Mary in der Nähe ist, wünscht er sich weit weg. Wenn sie getrennt sind, wie im Juni 1927, fragt er eifersüchtig und gar nicht so spaßig, wie es klingt: *Was macht? Hast Du einen Mann? Wie heißt er? Ist er vorn dick? Ist er hinten dünn?*

Die große, die haltbare, immer wieder beschworene Liebe gibt es nur in den Briefen. Sobald die Frau Wirklichkeit wird, ein Wesen aus Fleisch und Blut, überfällt ihn die Angst, und alles in ihm dringt auf Rettung.

Und es gibt keine tiefere Sehnsucht als diese: die Sehnsucht nach der Erfüllung. Sie kann nicht befriedigt werden … Das hat Tucholsky schon in *Rheinsberg* geschrieben. 1929 wird er dieses Gefühl auch in seinem Gedicht *Ideal und Wirklichkeit* artikulieren: *In stiller Nacht und monogamen Betten / denkst du dir aus, was dir am Leben fehlt. / Die Nerven knistern. Wenn wir das doch hätten, / was uns, weil es nicht da ist, quält. / Du präparierst dir im Gedankengange / das, was du willst – und nachher kriegst dus nie … / Man möchte immer eine große Lange, / und dann bekommt man eine kleine Dicke – / C'est la vie –!*

Hier war es ganz schön, weil keiner da war, schreibt Tucholsky aus Dänemark. *Wie wird das alles werden?* Er fragt es *besorgt, unglücklich, zerfallen mit der ganzen Welt.*

Vier Wochen später, am 27. Juli 1927, ist er, nach Aufenthalten in Kopenhagen und Hamburg, wieder in Paris. Er übernachtet aus Aberglauben, wie er sagt, im Hotel Grammont, wo er schon damals, bei seiner ersten Ankunft, abgestiegen ist. *»Zu Hause« sagt das kleine Hotel, in dem ich vor drei Jahren angefangen habe; »zu Hause« sagen die quietschenden Bremsen der Autobusse; »zu*

Hause« die Apparatur des Essens mit den süßen und belanglosen Zeremonien um jeden Salatteller ... wie geölt geht das alles. Da bin ich wieder und sehe mich um.

Tucholsky feiert in der *Weltbühne* seine Rückkehr nach Paris. *Guten Tag, Paris*, schreibt er zum Schluss. *Ich kenne das Skelett und liebe dich doch ... Und es ist vielleicht die tiefste und stärkste Liebe, die einer lieben kann: die unromantische, klar erkennende und doch verehrungsvolle Zuneigung, eine gleichmäßig brennende Leidenschaft zur schönsten Stadt der Welt.*

Und wieder beginnt die Suche nach einer Unterkunft. Am 29. Juli mietet Tucholsky eine Wohnung in der Avenue du Colonel Bonnet, sie ist klein und möbliert, hat ein Bad, ein sehr großes Arbeits- und ein großes Schlafzimmer, wie er Mary gleich mitteilt. Nur gehen die Fenster alle zum Hof raus. Glücklich ist er nicht gerade, aber es ist schwer, sagt er, das Richtige zu finden. Und sucht den ganzen August 1927 weiter, denn *diese Bude ist zu dunkel, ich arbeite gar nichts, sondern döse so entlang und bin ein armes Luder.*

Am 26. August ist auch Mary aus Riga zurück. Da ist die nächste Trennung schon in Sicht. Am 9. September bricht Tucholsky zu einer Wanderung durch den Spessart auf, begleitet von seinen Freunden Erich Danehl (Karlchen) und Hans Fritsch (Jakopp), später stößt auch die »schwarze Prinzessin« dazu. Im Leben heißt sie Lisa Matthias. Es wird viel gebechert und noch mehr gealbert, sie ziehen durch die *Weindörfer u. trinken den allerschönsten Wein*, es sind heitere, beschwingte und ausgelassene Tage, die in einem Bericht für die *Vossische Zeitung* (*Das Wirtshaus im Spessart*) dann ihren vergnügten Niederschlag finden.

Mary, die ihm offenbar kaum schreibt (was er mehrmals moniert), sucht unterdessen nach einer neuen Wohnung. Hell muss sie sein und still, schreibt Tucholsky ihr noch einmal aus Würzburg. Ende September hat sie es geschafft. Am 1. Oktober 1927 können sie ihr neues Domizil an der Place de Wagram beziehen.

Geliebtes Lottchen

Ich habe da in der Voss einen Spaß auf die Spessartreise geschrieben …, und ich weiß nicht, ob sie das bringen. Aber ich habe mich sehr hüten müssen, da mit allem herauszukommen, was ja schamlos wäre. Gedenfalls war es Mamma und Freindin und Kamerad in einem, und ich habe, wenn ich auch ein paar Mal mehr, als nötig war, das Maul gehalten habe, eine mächtige Sehnsucht. Und ich habe viel weniger Talent zum Doppelleben, als Du denkst, weil ich Dich wirklich gern habe …

Kurt Tucholsky sitzt in der neuen Wohnung, tippt seine Artikel, tippt Briefe und denkt an Lisa Matthias. Es ist Mitte November 1927 und beinahe zehn Monate her, dass sie sich auf einem Ball, der die Berliner Künstlerprominenz versammelt hat, begegnet sind. Er sei ganz reizend gewesen, furchtbar vergnügt, sehr nett, sehr witzig und ein bisschen zu dick, »ein gepflegter rundlicher Herr«, wird sie ihrem Tagebuch anvertrauen. In der Frühe des nächsten Tages, fügt sie später hinzu, habe sie mit ihm noch auf ihrer breiten Couch gehockt, sie hätten geplaudert, und sie sei dabei gleich sein »seelischer Mülleimer« geworden. Tucholsky habe ihr von seiner ersten Ehe erzählt und auch vom Leben mit Mary, das »nicht mehr klappte«.

Im Alter wird Lisa Matthias diese Liaison, die beinahe fünf Jahre hält, publik machen, zuerst 1958 in einem Radiobeitrag, 1962 auch in einem Erinnerungsbuch, das im Hamburger Marion von Schröder Verlag erscheint. Der mit dem Bekenntnis auftrumpfende Bericht *Ich war Tucholskys Lottchen*, bestückt mit Briefpassagen und Tagebuchblättern, wird meist als unseriöses Fabulierstück einer Wichtigtuerin wahrgenommen, die sich mit einem prominenten Namen schmückt. Aber die Lisa Matthias, die von Kurt Tucholsky geliebt wird, ist nicht mit diesen zuweilen banalen Mitteilungen gleichzusetzen. Sie ist intelligent und emanzipiert und vielleicht sogar eine Partnerin, die zu ihm passt, eine Frau, die sich auskennt im journalistischen Betrieb, die herbeieilt, wenn Tucholsky sie braucht, die ihn aufheitern, bei der er sich ausweinen kann, eine Liebende ohne Scheu und Hemmungen, quicklebendig, sinnlich, offen. Sie ist das Urbild seiner *Lottchen*-Geschichten, dieser Monolog-Serie einer kessen, temperamentvollen, fröhlich und unverdrossen schnatternden Berlinerin, die er im September 1928 eröffnet, und sie ist die Lydia in *Schloß Gripsholm*.

Lisa Matthias kreuzt seinen Weg im richtigen Augenblick. Kurt Tucholsky ist erschöpft, verdrossen, ausgelaugt vom Einsatz für die *Weltbühne*, gequält überdies vom Bewusstsein, Siegfried Jacobsohn nicht ersetzen zu können, genervt von den unerquicklichen Verhandlungen mit der Witwe um einen neuen Vertrag. Die Frage, wie es weitergehen soll, nicht entschieden, die Ehe mit tiefen, nicht mehr reparablen Rissen. Und er ist krank. Mal ist es eine Grippe, die ihn ins Bett zwingt, dann martert ihn ein Schmerz im Hinterkopf, seit 1918 klagt er über Infektionen der Nasen-Nebenhöhlen, die allmählich chronischen Charakter annehmen, ihm Geruch und Geschmack rauben und mehrere Operationen erfordern, die zunächst kaum Linderung bringen. Und mit der Krankheit wächst die Furcht, eines Tages seine Arbeitskraft einzubüßen.

In den Heften der *Weltbühne* ist von alledem nichts zu merken. Kurt Tucholsky ist produktiv wie immer. Er publiziert 1927 mit dem *Pyrenäenbuch*, das im März erscheint, 184 Texte, Leitartikel, Porträts, Berichte, Gedichte, Buchkritiken. Er schreibt über Kopenhagen und Paris, eine Serie über deutsche Richter, über das Deutschland-Bild der Franzosen, Klabund, Isaak Babel und den soeben verstorbenen Maximilian Harden, er feiert, mit kleinen Einschränkungen, Arnold Zweigs Roman *Der Streit um den Sergeanten Grischa* und steht verwundert und etwas ratlos vor dem außergewöhnlichen und merkwürdigen *Ulysses* des James Joyce, dessen Übersetzung er mit einem einzigen Satz charakterisiert: *Hier ist entweder ein Mord geschehen oder eine Leiche photographiert.* Dazu kommen die strapaziösen Redaktionsangelegenheiten, er muss in die Potsdamer Druckerei, und er spricht auf Veranstaltungen der Deutschen Liga für Menschenrechte, die ihn auf ihrer Jahresmitgliederversammlung wieder in den Vorstand wählt. Etwas Ruhe hat er nur, wenn er unterwegs ist.

Lisa Matthias wird für die nächsten Jahre Tucholskys Halt, die Gefährtin, die von Zeit zu Zeit seine Lebensgeister wieder weckt. Sie ist, geboren am 22. Dezember 1894, vier Jahre jünger als er, Tochter eines wohlhabenden jüdischen Kaufmanns, der in Berlin mit Büroartikeln handelt. Sie hat mit neunzehn

Jahren, kaum dass sie die Schule verlassen hat, Stanislav Sternberg, einen in Russland lebenden Deutschen, geheiratet, dem sie eine Weile nach Moskau folgt, ehe das Paar im Ersten Weltkrieg nach Berlin zurückkehrt. Dort werden ihre Kinder Peter und Sonja geboren. Aber dann stirbt, erst vierzig Jahre alt, 1920 der Mann, und sie heiratet 1921 erneut, diesmal den namhaften Berliner Soziologen, Publizisten und Schriftsteller Leo Matthias, der, geboren 1893, kritische Reisereportagen verfasst und für mehrere Blätter schreibt, darunter *Die Weltbühne* und *Die Aktion*. Sie liest viel, sie reist, sie engagiert eine Zuschneiderin und zehn Nähmädchen und eröffnet 1919 ein Modeatelier für vermögende Privatkunden, sie zieht mit ihren Kindern zeitweilig nach Lugano und erprobt sich schließlich, stark beeinflusst von ihrem Mann, als Journalistin. Die Ehe wird allerdings nicht lange halten. Als Lisa Matthias Kurt Tucholsky kennenlernt, ist sie längst wieder geschieden.

Reich ist sie nicht, aber immerhin kann sie sich eine geräumige Wohnung in Schöneberg, eine Köchin und ein Kindermädchen leisten. Es kommen ständig Besucher, junge Schriftsteller, Maler, Musiker, Architekten, ein paarmal im Jahr gibt es üppige Feste, sie kennt Gott und die Welt und weiß natürlich auch aus der *Weltbühne*, wer Peter Panter ist. Sie ist neugierig auf ihn, sicher auch geschmeichelt, dass er sich für sie interessiert, aber sie hat keine Lust auf eine längere Liaison. Behauptet sie jedenfalls im Nachhinein. Er ist ja verheiratet, und das bremst angeblich ihren Elan.

Kurt Tucholsky und Lisa Matthias sehen sich häufig. Sie gehen ins Theater und ins Kino, er besucht sie in Schöneberg, sie übernachtet bei ihm. Für ihn ist sie Lottchen, sie nennt ihn Daddy. Nach ein paar Wochen meint sie, es sei schon »eine richtige Ehe« geworden. »T. ist unsagbar komisch«, notiert sie im Tagebuch, »ich lache mich immer kaputt über seine Witze, aber über den Grad seiner Zuneigung bin ich mir nie ganz klar … Ich bin viel zu skeptisch und auch zu faul, um ihn mir für eine längere Bindung zu gewinnen.«

Etwas später das Bekenntnis: »Ich habe in der letzten Zeit zuviel Geschmack an unserm Zusammensein gewonnen. Das tut mir ja nie gut! Man soll doch nicht mit der Liebe spielen.« Und da sie nach wie vor nicht weiß, woran sie ist, versucht sie wenigstens herauszufinden, wer die unsichtbare Ehefrau an seiner Seite ist. Sie spricht mit diesem und jenem, fragt, forscht, hat aber kein Glück. Niemand kann über Mary Tucholsky Auskunft geben. Sie ist ja kurz nach der

Hochzeit nach Paris gezogen. Man hat sie flüchtig bei der Trauerfeier für Siegfried Jacobsohn gesehen, aber gleich darauf war sie schon wieder verschwunden. Natürlich hat Lisa Matthias ein Bild von ihr, das Bild Tucholskys. Ob er immer bei der Wahrheit bleibt, steht auf einem anderen Blatt.

Ende 1927 ist Kurt Tucholsky wieder in Paris. Die heiteren Spessart-Tage liegen schon eine Weile zurück, und er hüllt sich in Schweigen. Lisa Matthias, irritiert, verunsichert, beschwert sich. Wochenlang kein Brief, nicht mal ein mageres Lebenszeichen. *Sehr liebes Oberlottchen*, antwortet er am 13. Dezember 1927, *Du bist zwar ein gutes, aber leider ein dummes Kind. Glaubst Du wirklich, daß es irgendeinen »Grund« gibt – wenn ich nicht schreibe?* Nein, es gibt keinen Grund, sagt er und bittet um eine kleine Atempause. Er liegt zur Zeit schief und weiß nicht, wie er sich grade setzen soll, und während er sich mit Erfolg in die Arbeit flüchte, rolle das Leben in einer Art ab, *die ich zu ändern zu feige und zu unentschlossen bin.*

Er meint seine Ehe und seine Ratlosigkeit, sein Unbehagen, die Fragen, die auf ihn einstürmen, vor denen er sich aber verkriecht. *Lottchen*, schreibt er, *ich weiß alles: daß Du mich nicht heiraten willst, und daß wir beide nur nett sind, wenn wir uns sporadisch sehen – mit klarerem Sinn ward' nie ein Weib gefreit, und wir wissen ja Bescheid.*

»Wieso liegt das Schiff schief?«, fragt Lisa Matthias. Sie antwortet mit einem langen Brief, der ihr so wichtig ist, dass sie eine Kopie in ihr Tagebuch legt. »Mach Dir doch nichts vor! Willst Du Dich von Deiner Frau trennen? Ich bin – vorerst sicher – dagegen.« Sie hat längst gemerkt, dass Tucholsky, wie andere Männer auch, gern »mit einem Popo auf zwei Hochzeiten tanzen« möchte. Dass er sich nicht zuerst fragt, was er will, sondern lange nur weiß, was er nicht will. Dass er gar nicht daran denkt, seiner Frau, die ihr wahnsinnig leid tut, weil er ihr keinen Lebensinhalt verschafft, die Freiheit zu gönnen oder gar einen anderen Mann. »Wenn Du weg bist, selbst wenn Du bei mir bist, dann bist Du unruhig über ›was sie wohl treibt‹. Also liebst Du sie noch – folgere ich. Also hat es gar keinen Zweck, Dich in Entschlüssen zu bestärken.«

Sie hat in allem recht. Sie weiß es, denn sie ist lebenserfahren genug, man kann sie nicht täuschen. Tucholsky denkt nicht an eine Trennung von Mary, und Lisa Matthias zieht es vor, auf eine Reise nach Paris erst einmal zu verzichten. Anfang Mai 1928 kommt sie dann doch. Inzwischen ist Tucholsky in Berlin gewesen, um einen bekannten Arzt zu konsultieren, der aber auch nicht weiterhelfen konnte. Der Druck in der Stirnhöhle bleibt. Beinahe ein Vierteljahr sei er krank gewesen, bekennt Tucholsky Mitte Februar 1928. Nun soll der Süden, die empfohlene Luftveränderung, Linderung bringen. Er reist für ein paar Tage mit seinem Lottchen an die Loire. Aus Blois schreibt er an Mary, hier sei es *sehr schön mit Wolken u. heiterm Fluß u. Wind*, und schon am nächsten Tag werde er weiterfahren nach Orléans oder Tours. Er kutschiere viel im Auto herum, schreibt er, sehe Schlösser und Parks mit alten Bäumen, und Mary erfährt sogar, dass auch viel gesoffen und viel Geld ausgegeben werde. Schwer vorstellbar, dass sie dies ohne Misstrauen gelesen hat.

Aber Tucholskys Stimmung hellt sich trotzdem nicht auf. »Daddy total hysterisch«, notiert Lisa Matthias. In Tours fotografiert sie ihn. Sie findet ihn bleich und aufgeschwemmt. Sein Blick düster, der Abschied melancholisch.

Kaum wieder in Paris, schreibt Kurt Tucholsky am 24. Mai 1928 an den Schriftsteller und *Weltbühnen*-Mitarbeiter Emil Ludwig: *Seit Dezember geht das wie bei einer Hure: rein ins Bett, raus aus Bett – auf die Dauer ist das nicht sehr komisch. Ich bin zu fett, immerzu erkältet – kurz: es muß was geschehen.*

Er beschließt, nach Dresden zu gehen, um in einem Sanatorium *den Motor überholen* zu lassen. Aber die Kopfschmerzen bleiben, er fühlt sich *unter allem Hund*, steht früh auf, turnt mit den anderen, geht viel spazieren, macht Milchtage, nimmt acht Pfund ab, trinkt nicht, raucht nicht, *ist aber noch furchtbar müde.*

Mary hat unterdessen eine dreimonatige Urlaubsreise nach Italien angetreten, die später nach Belgien und zurück nach Frankreich führt. Sie ist noch unterwegs, wenn er wieder in Paris ist, und wenn sie zurückkehrt, ist er erneut aufgebrochen. Mitte Juli 1928 reist Tucholsky nach Hamburg, dann über Malmö nach Schweden, wo er in Kivik ein Theaterstück über Kolumbus schreiben will. Doch das Vorhaben misslingt (und wird erst später, in einer Koproduktion mit Walter Hasenclever, fertig). Stattdessen stellt er für Rowohlt den Sammelband *Das Lächeln der Mona Lisa* zusammen, fährt Anfang September mit Lisa Matthias, die im März 1928 den Führerschein erworben hat und inzwischen ein eigenes Auto besitzt, und Freund Danehl in die Holsteinische Schweiz, dann noch nach Berlin, Düsseldorf und Köln.

Er ist sehr alt geworden in diesem Jahr. Von einer *bösen Krise* spricht Tucholsky und dass er in ein Kloster wolle. Er braucht Ruhe, erfährt Mary. Und: Es sähe böse aus, wenn er nicht seine Routine hätte. Widersprüchlicher könnte das Bild nicht sein: in den Briefen ein Erschöpfter, kraftlos, krank, verzweifelt, eingehüllt in Düsternis, das Leben eine Qual, aber Tucholsky lacht auch, er liebt, er reist, und er arbeitet. 1928 ist mit 228 Publikationen, darunter dem Band *Das Lächeln der Mona Lisa*, eines seiner besten Jahre. Er schreibt über den immer stärker werdenden Nationalismus, die zunehmende Militarisierung der Republik, die jetzt zehn Jahre alt ist, den Panzerkreuzerbau, die Todesstrafe und die kompromissbereite SPD, schreibt vornehmlich für die *Weltbühne* und die *Vossische Zeitung*, aber auch für die *Arbeiter-Illustrierte Zeitung* (AIZ), wo er seine kämpferischsten Arbeiten, vor allem Gedichte, veröffentlicht.

Im Kölner Saal der Bürgergesellschaft erlebt ihn in vollem Haus Hans Mayer. In seinem Essay *Der pessimistische Aufklärer Kurt Tucholsky*, 1966 erstmals veröffentlicht, erzählt er später, wie der mittelgroße, untersetzte Mann aus einer Seitentür den Saal betrat und schon vor der ersten Treppenstufe zur Bühne zu sprechen begann. »Mit klarer Stimme sagte da einer, während er rasch immer weiterging, hin zum Rednerpult: ›Was nun die Justitia betrifft, die mit der Binde vor den Augen, so ist das mit der so:‹ Mittlerweile war Tucholsky am Rednerpult angelangt, der Vortrag ging weiter, denn er hatte ja schon längst, seit die Tür zum Künstlerraum geöffnet wurde, seinen Anfang genommen.« Es war der Vortrag eines hervorragenden Redners und Juristen, sagt Hans Mayer. Er wanderte auf der Bühne hin und her und bot präzise Tatsachen, logische Schlüsse und soziales Pathos, freilich »ohne Pedalbenutzung«.

Ein andermal, ebenfalls in Köln, ist Mayer dabei, als Tucholsky im kleineren Saal des Kunstvereins über Frankreich spricht, »ganz leicht, scheinbar improvisiert und sprachlich genau durchgearbeitet (ein Manuskript wurde nicht sichtbar, daran glaube ich mich genau zu erinnern) …« Er hat den anderen, den öffentlichen Tucholsky gesehen, den brillanten Rhetor, liebenswürdigen, fesselnden Erzähler, den temperamentvollen politischen Streiter. Von Missmut und Niedergeschlagenheit keine Spur.

Noch aus Kivik schreibt Kurt Tucholsky Ende August 1928 an Mary: *Liebes Malzen, hier ist nichts als schlechte Laune …*

Er ist ihr inzwischen fremd geworden. Sein rastloses Umherziehen, seine Klagen, die vielen kleinen Lügen, die sie resigniert schluckt, haben Marys Geduld erschöpft. Ihre Hoffnungen, die Ehe retten zu können, sind längst gestorben. Im Juni 1928 vertraut sie, schon lange *ganz down und zusammengeklappt*, dem Tagebuch an: *Es ist nicht nur eine Grenze zwischen uns, sondern ein Weltall – ich höre ab und zu seine Worte, aber Nebel liegt vor meinen Augen und Ohren. Ich habe auch nicht mehr die Kraft, stark und inbrünstig zu wünschen …*

Monate danach schreibt sie ihm noch einmal einen Brief, den traurigsten, den sie ihm jemals zu lesen gegeben hat. Ein paar Sätze nur, ernste, tapfere, hochherzige Worte. Sie nimmt Abschied.

Lieber Nungo, immer wieder setzt sich einer seit elf Jahren in den Zug und fährt fort, und immer wieder blutet es von Neuem.

Ist sein Beuteltier, ist der Pygmalion, hat erzeugt und reißt sich jetzt los mit ungesäumten Ohren, geht fort auf zitternden Beinen und hat Angst vor dem Leben und vor den fremden Menschen und vor dem Alleinsein.

Aber es war zu groß u. zu schön als es anfing, um es hässlich enden zu lassen. Kommt, wenn braucht und ruft – ist der rote Faden. Seine Meli.

Dass es da eine Lisa Matthias gab, hat sie damals nicht gewusst. *Ich ahnte etwas*, erklärte sie Jahrzehnte später, *ich spürte, ich roch etwas. Er war plötzlich anders. Ich kann nicht teilen. Und ich wollte nicht im Wege stehen.* Dennoch hat sie sich gefragt, noch im Alter, ob es nicht klüger gewesen wäre, auch hilfreicher, über Tucholskys Verhalten großzügig hinwegzusehen und bei ihm zu bleiben. Ganz losgeworden ist sie die Frage wohl nie.

Vermutlich am 20. November 1928 fährt Mary Tucholsky zum Bahnhof. Sie verlässt Paris und ihren Mann, der sich gerade in Dijon aufhält, und fährt nach Berlin.

Ihren Abschiedsbrief hat Kurt Tucholsky immer bei sich getragen. Man findet ihn, stark beschädigt nach all den Jahren, Ende 1935 in der Brieftasche des Toten.

An der Weggabelung

Lisa Matthias zögert keinen Augenblick. Es ist ihre Stunde. Sie schlägt den Taschenkalender auf, fasst die Nachricht, die das Telegramm aus Paris enthält, in die Worte: »madame T... weg«, packt das Nötigste ein und zieht los. Im Hotel Beaujolais nimmt sie ein Zimmer. Dann begibt sie sich zur Place de Wagram.

Die Wohnung, die sie betritt, ist nur kümmerlich möbliert und schrecklich kalt. Kurt Tucholsky, wieder einmal erkältet, spricht »mit trauerumflorter Stimme«. Sie hat den Eindruck, »im Hause eines Gehenkten« zu sein. Der Triumph über die Rivalin, die das Weite gesucht hat, gibt ihr ein Überlegenheitsgefühl, das sich nicht mehr verlieren wird. Sie geht in den Zimmern herum und findet, dass Madame (anders wird sie über Mary nicht sprechen) ruhig die Fenster noch einmal hätte putzen können. Sie ist so erschüttert von der Misere, die sie vorfindet, dass sie ihrer besten Freundin in einem Brief gleich lang und breit ihre Gefühlswelt offenbart. Sie ist wütend, »daß ihr dieser Seelenkram wieder passieren muß«. Den Daddy, der kolossal arbeite, habe sie ja wirklich gern, beteuert sie, aber sie will weg. Wortkarg sitzt er am Tisch, unsicher, er lächelt dünn, versucht auch mal zu scherzen, »aber alles schien leicht umflort«. Daddy, merkt sie, kann sich von seiner verlorenen Frau nicht losreißen. Daher ihr Unbehagen. Darum auch ihr Rat, möglichst schnell die Scheidung durchzusetzen.

Kurt Tucholsky hat Lisa Matthias gerufen, doch nun, da sie da ist, über Wohnung, Geld und Scheidung redet, fühlt er sich schon wieder unwohl. Er ist dankbar, dass sie sofort kam, aber die Geringschätzung, mit der sie sich hier bewegt, kann ihm nicht gefallen haben. Und über Mary kann sie ohnehin nicht mitreden. Für ihn ist Mary nicht Madame, sondern Meli oder Malzen. Immer noch.

Freilich: In das Exemplar des gerade erschienenen Bandes *Das Lächeln der Mona Lisa*, das er ihr schenkt, schreibt er am 5. Dezember die Widmung: *Dem Herzenstrost Lottchen, Hebamme der Männer in schweren Stunden. Theo Panter, dicker Zwerg aus Heidelberg. Paris 1928.*

Am 10. Dezember reist Lisa Matthias wieder ab, um in Lugano die Weihnachts- und Silvesterfeiern vorzubereiten. Kurt Tucholsky folgt ihr elf Tage später. Er verbringt die Festtage mit ihr und ihren Kindern, man fährt im Auto herum und genießt die klare Luft. Gleich nach Neujahr, am 4. Januar 1929, kehrt er nach Paris zurück.

Hier ist grau, kalt, naß, ohne Arzt, sehr widerlich. Dies wird ein schlechtes Jahr. Tucholsky sieht schwarz. Er kann, teilt er am 1. Februar 1929 Mary mit, seit Wochen nicht arbeiten, und die *Weltbühne*, fürchtet er, wird eines Tages auch zusammenbrechen. Der Betrieb ödet ihn an. Er hat vier Wochen mit einer schweren Grippe zugebracht, schreibt er kurz zuvor an Emil Ludwig, und hat langsam das Gefühl, an eine Biegung des Weges zu kommen: *Ewig so weitermuddeln ist nicht gut.* Was tun? Eine Weltreise? Sich einkapseln und die Stille suchen? Fragen, die ohne Antwort bleiben.

Marys Entschluss, ihn zu verlassen, hat seine Lebensgrundlage endgültig in Frage gestellt. Er wird über den Verlust nicht hinwegkommen, auch wenn seine Entscheidung für Lisa Matthias einen anderen Schluss nahe legt, auch wenn es scheint, als könnte er sein Glück bei anderen Frauen finden. Etwas bleibt immer zurück. Er weiß es und stellt den Satz ins Zentrum seines Gedichts *Aus!*, das er Anfang 1930 im *Uhu* veröffentlicht.

Einmal müssen zwei auseinandergehn;
einmal will einer den andern nicht verstehn – –
einmal gabelt sich jeder Weg – und jeder geht allein –
wer ist daran schuld?

Es gibt keine Schuld. Es gibt nur den Ablauf der Zeit.
Solche Straßen schneiden sich in der Unendlichkeit.
Jedes trägt den andern mit sich herum –
etwas bleibt immer zurück.

Einmal hat es euch zusammengespült,
ihr habt euch erhitzt, seid zusammengeschmolzen, und dann erkühlt –
Ihr wart euer Kind. Jede Hälfte sinkt nun herab –:
Ein neuer Mensch.

Jeder geht seinem kleinen Schicksal zu.
Leben ist Wandlung. Jedes Ich sucht ein Du.
Jeder sucht seine Zukunft. Und geht nun mit stockendem Fuß,
vorwärtsgerissen vom Willen, ohne Erklärung und Gruß
in ein fernes Land.

Noch ist das Band, das die Eheleute verbindet, einigermaßen stabil. Die Atmosphäre bleibt auffällig entspannt. Kein Übelnehmen, keine Vorwürfe, keine Rechtfertigungen. Während sich Tucholsky mit Lisa Matthias vergnügt, mal bei ihrem Besuch in Paris, dann, im April 1929, auf einer Reise nach Schweden, gehen die Briefe weiter hin und her. Mary arbeitet seit Februar als Vertreterin und Prokuristin in der Berliner Steindruckerei und Lithographischen Anstalt Paul Pittius, Tucholsky setzt sich über den Schutzverband Deutscher Schriftsteller dafür ein, dass sie eine Wohnung in der Berliner Künstlerkolonie am Laubenheimer Platz erhält, die sie nach langen Verhandlungen im Dezember 1929 beziehen kann, er schickt ihr Geld, das sie prompt beiseite legt, und als sie einmal vorsichtig von Scheidung spricht, winkt er sofort ab: *Ich möchte mir das alles einmal im Sommer ruhig überlegen, mir eilt das nicht.*

Im August 1929 schickt er ihr sein neues Buch: *Deutschland, Deutschland über alles*, das radikalste, das er je zusammengestellt hat, der schonungslose Blick auf zehn Jahre Weimarer Republik, bitter, aggressiv und voller Hohn, erschienen im Neuen Deutschen Verlag von Willi Münzenberg und bebildert mit den Fotomontagen John Heartfields. Schärfer, gnadenloser hat Kurt Tucholsky das *verfluchte Rotzland*, das ihn noch in der Fremde quält, nie attackiert. Erst am Schluss, nachdem er auf 225 Seiten Nein gesagt hat, *Nein aus Mitleid und Nein aus Liebe, Nein aus Haß und Nein aus Leidenschaft*, formuliert er, genauso enthusiastisch, seine Liebe zur Heimat und zur Landschaft des Nordens, *wo die Luft so klar über den Dächern steht*. Er schwärmt. Er denkt an die Wälder und das Meer und das Glück, er liebt dieses Land, und er schreibt: *Es ist ja nicht wahr, daß jene, die sich »national« nennen und nichts sind als bürgerlich-militaristisch, dieses Land und seine Sprache für sich gepachtet haben. Weder der Regierungsvertreter im Gehrock, noch der Oberstudienrat, noch die Herren und Damen des Stahlhelms allein sind Deutschland. Wir sind auch noch da.*

Viele Zeitungen fauchen, andere jubeln. »Die Presse lobt – die Presse tobt«, formuliert der Verlag, der nach zehn Tagen schon zwölftausend Exemplare verkauft hat, in einer Anzeige. Das Echo, gespalten wie bei keinem anderen Tucholsky-Band, ist gewaltig. Noch 1931 gibt es Erwägungen, *Deutschland, Deutschland über alles* zu verbieten.

»Das ist nicht gut, was er da gemacht hat«, sagt Monty Jacobs, der Redakteur und Literaturkritiker der *Vossischen Zeitung*. »Sie wissen es doch, ich u. wir alle meinen es gut mit ihm, das war nicht richtig …« Mary, bei ihrem Besuch gefragt, ob sie das Buch kenne, erschrickt. Auch Freunde lehnen den Band rigoros ab. Der Journalist Otto Alfred Palitzsch, mit dem sie spricht, findet ihn sogar niveaulos und billig. Aus Palitzsch spricht *die sittliche Entrüstung von vielen*, schreibt sie am 26. August 1929 an Tucholsky. Sie hat vor allem Angst, dass Ullstein die Gelegenheit nutzt und den Vertrag mit Tucholsky, der seit einiger Zeit auch für die kommunistische AIZ arbeitet, kündigt (was zwei Jahre danach auch geschieht). Sie schließt ihren Bericht mit einer besorgten Warnung: *Also: aufgepaßt!*

Immer hat Kurt Tucholsky auf Angriffe, die seiner Person galten, geschwiegen. Diesmal jedoch weicht er vom Prinzip ab und entschließt sich zu einer grundlegenden Verteidigung seiner Arbeit. Ausgerechnet der Theaterkritiker Herbert Ihering, mit dem er gelegentlich korrespondierte und der bis 1919 auch in der *Schaubühne* und *Weltbühne* publiziert hat, wirft ihm in einer überraschend kritischen Rezension vor, immer wieder auf dieselben Themen loszuschlagen, immer wieder dasselbe Militär, dieselbe Justiz zu attackieren, und dies alles ohne Risiko, aus sicherer Entfernung, als Zuschauer von draußen, aus Frankreich oder Schweden.

Lieber Herr Ihering, fragt Tucholsky am 18. Oktober 1929, *waren Sie in den letzten Monaten einmal auf einem deutschen Gericht oder in einer deutschen Strafanstalt? Das sollten Sie nicht versäumen. Ich habe mir im letzten Jahr vieles in Deutschland angesehen, worüber ich nirgends referiert habe; und was mich erschreckt hat, das ist die Fortdauer einer wilhelminischen Gesinnung, die zwar die Zierrate des Gardehelms abgelegt hat, aber in karger neuer Sachlichkeit brutal und kalt Schweinereien verüben läßt, schlimmer als unter dem Seligen, wo durch eine gewisse Bordeaux- oder Biergemütlichkeit manches gemildert wurde …*

Immer, wenn ich schreibe, denke ich an das Leid der Anonymen, an den Proletarier, den Angestellten, den Arbeiter, an ein Leid, von dem ich durch Stichproben weiß. Das wissen Sie auch – Sie müssen das wissen, und ich will lieber den Vorwurf auf mir sitzen lassen, künstlerisch nicht befriedigt oder aus Empörung über das Ziel hinausgeschossen zu haben, als ein Indolenter zu sein. Und glauben Sie mir –: wenn ich immer dasselbe schreibe, so tue ich das bewußt. Es ist vielleicht langweilig, Jahr um Jahr Salvarsankuren zu machen; Kamillentee wäre vielleicht abwechslungsreicher – aber man muß das wohl. Auch die Spirochäten bleiben ewig dieselben.

Im Sommer 1933, als Kurt Tucholsky in einem Brief an den befreundeten Walter Hasenclever auf das Deutschland-Buch und die Aufregungen des Jahres 1929 zurückkommt, wird er den Band *klobig* nennen. *Und schwach. Und viel zu milde.*

Morgen fahre ich ab – ich kann es nicht mehr aushalten – so haben sie mich in Stücke gerissen. Am 16. November 1929 kündigt Kurt Tucholsky, der seit Wochen bei Lisa Matthias in Berlin wohnt, Mary seine ausgedehnte Lesereise an. Es wird die letzte Begegnung mit dem deutschen Publikum sein. Er hat die beiden Bände *Mit 5 PS* und *Das Lächeln der Mona Lisa* im Gepäck, die Tour beginnt in Köln und endet nach zehn Auftritten am 2. Dezember in Hamburg. Das Echo ist unterschiedlich. Über seinen Auftritt in Frankfurt am Main schreibt ein Lokalblatt: »Tucholsky hat vier Namen, noch mehr Charakter«, und ein anderes: »Nur literarisches Blendwerk … Kein Tatmensch, nur ein negativer Kritiker.«

Immerhin: Überall geht es gut, lediglich in Wiesbaden kommt es zu Tumulten. Schon vorher hat der *Nassauer Beobachter*, eine »nationalsozialistische Halbmonatsschrift«, die Lesung eine Provokation der nationalen Bevölkerung genannt und die Besucher aufgefordert, sich alle zu merken, die dem Juden Tucholsky ihre Sympathie bekunden. Randale gibt es schon während der Veranstaltung, doch kann Tucholsky die Lesung noch beenden. Danach toben die Nazis auf der Straße weiter, sie halten ein Auto an, in dem sie den Schriftsteller vermuten, zerren einen Insassen heraus und verprügeln ihn.

Im Brief an Mary, geschrieben am 27. November in Dresden, versucht Kurt Tucholsky, um seine Frau nicht zu beunruhigen, dem Abend die beängstigende Dramatik zu nehmen: *Na, ganz großes Glück … In Wiesbaden haben sie Steine auf ein Auto geschmissen und einen Mann verhauen, der so aussah wie ich, und die Polizei hat die Leute verhauen …* Dann jedoch setzt er hinzu: *Aber man meeg das nicht mehr. Näxten Montag ist Gottseidank alle.*

Ein zweiter Brief geht an diesem Tag an Dr. Walter B. Meier, den Mann, der von den Nazis attackiert wurde: *Mir ist dieser Vorfall deshalb so unangenehm, weil ich gern meine Taten allein ausbade – ich hatte im Künstlerzimmer noch zu tun, und als ich herauskam, stand die ganze Straße auf dem Kopf. Mich haben sie nicht erwischt … es gilt ja in jenen Kreisen als tapfer, einen Sieg zu feiern, wenn die Partie 200:1 steht.*

Mary, voller Sorge, schickt einen *netten Brief*, den er in Hamburg am 2. Dezember beantwortet: *Na – so schlimm war es gar nicht. Wirklich übel war nur Wiesbaden; und wenn heute abend nichts passiert, dann war es alles halb so schlimm … Im übrigen: für wen ich das eigentlich mache … das weiß ich nach dieser Reise weniger denn je. Es ist trostlos. Allerdings bezieht sich das auf die Bürgerschaft – vor Arbeitern habe ich nicht gesprochen. Das ist dann vielleicht anders.*

Lisa Matthias, die Tucholskys Tournee in ihrem Erinnerungsbuch in den März verlegt hat, vergnügt sich derweil in Berlin. Für den Publizisten Tucholsky, den politischen Dichter, der sich für ein besseres Leben, für Gerechtigkeit und den Mann auf der Straße einsetzt, hat sie ohnehin keinen Blick. Auf seinen Lesereisen hat sie ihn nicht begleitet, und die Ereignisse von Wiesbaden, über die er sicher berichtet hat, erwähnt sie in ihren Erinnerungen mit keinem Wort.

Kurt Tucholsky ist der Mann, der sie wie kein anderer zum Lachen bringt, unterhaltsam, komisch, unverwüstlich in seinem Humor, nur leider oft erkältet, depressiv und unentschlossen. Über seine Witze, schreibt Lisa Matthias, habe sie oft so lachen müssen, dass sie das Weinen vergaß. Die Beziehung beider ein dauerndes Auf und Ab, ein ständiger Wechsel von heiteren Phasen und düsterem Brüten, Harmonie und Streit, Vertrauen und Misstrauen. Heute findet sie ihn charmant, himmlisch und süß, morgen ödet er sie an.

Sie, quirlig und amüsant, liebt die Abwechslung, die Ausflüge, die Unterhaltung. Sie posiert gern vor Fotoapparaten: auf einer Decke im Gras, auf der Motorhaube ihres Autos, am Strand des Wannsees, in Würzburg und im Schloss Eutin, auf dem Jungfernstieg, in Lugano. Die Fotos aus ihrem Familienalbum, die sie ihrem Erinnerungsbuch beigefügt hat, zeigen einen zufriedenen, glücklichen, stolzen Tucholsky, hingegeben dem schönen Augenblick.

Sie kommen viel herum. Mal sind sie in Hamburg, Köln oder Düsseldorf, dann wieder in Lugano, Paris, Berlin. Anfang April 1929 brechen sie zu einer längeren Schweden-Reise auf. Ein paar Tage schlendern sie durch Stockholm, sie bewundern das schöne Rathaus und hübsche neue Häuser, sehen auf der Straße wunderschöne junge Frauen, ärgern sich über schlechtes Essen in den Gasthäusern, und als sie genug haben von der Stadt, engagieren sie einen Dolmetscher und fahren mit dem Auto kreuz und quer durch die Gegend auf der Suche nach einem Ort im Grünen, möglichst in der Nähe eines Sees. Manchmal glauben sie schon, am Ziel zu sein, doch dann macht sich entweder ein bellender Hund bemerkbar, oder jemand klopft seinen Teppich aus, und Tucholsky ergreift umgehend die Flucht.

Sie sitzen auf Korbstühlen am Tisch: Lisa Matthias über Blätter gebeugt, die Beine seitlich übereinandergeschlagen, Kurt Tucholsky im Anzug ihr gegenüber. Er hat sich zurückgelehnt und blickt in die aufgeschlagene Zeitung. Die Sonne scheint, im Hintergrund hohes Gras und Bäume. Ein Sommerbild, fotografiert in Läggesta, wo sie schließlich finden, wonach sie suchten: ein gelbes Holzhaus, groß genug, mitten in einem Garten und umgeben von Stille, die Villa Fjälltorp (Bergkate), gelegen an einem Hang. Man kann von dort auf den Mälarsee sehen. Gegenüber, auf der anderen Seite der Bucht, liegt Schloss Gripsholm. Sie mieten das Anwesen bis zum September.

Hier habe ich ein bißchen angefangen, zu arbeiten, was ja wohl nötig war, schreibt Kurt Tucholsky Ende Mai an Mary. *Es geht manchmal – manchmal aber auch nicht.* Da hat Lisa Matthias den Aufenthalt schon unterbrochen, um nach ihren Kindern zu sehen.

Tucholsky, versorgt vom Hausmädchen Zenta Bergkvist, muss die *Weltbühne* und die *Vossische Zeitung* mit Texten beliefern, tippt Briefe und ist glücklich, in Schweden zu sein. Es ist *ein liebes Land*, heißt es in einer Betrachtung über die gemächlich arbeitenden Kellner. Dass es hier wie in Kurland ist, wolle er nicht behaupten, gesteht er Mary, *aber doch sehr fundiert und noch alles ganz wie vor dem Kriege.* Die Schweden seien viel zu klug, wird er in einem

Lisa Matthias und Kurt Tucholsky in Läggesta/Schweden, 1929

Feuilleton für die *Vossische Zeitung* erklären, *um störend in die große Politik einzugreifen; sie sind froh, wenn man sie zufrieden läßt – und es ist ein schöner Friede, in dem sie leben.*

Im August, wenn Lisa Matthias zurück in Läggesta ist, geht die Suche nach einem Domizil, das als ständiger Wohnsitz dienen kann, weiter. Das Haus, das sie finden und preiswert mieten können, die Villa Nedsjölund mit Seeblick, steht im westschwedischen Hindas, dreißig Kilometer von Göteborg entfernt und einsam gelegen, der ideale Unterschlupf für den ruhebedürftigen Tucholsky. Unten die Eingangshalle, Wohn- und Esszimmer, Küche, Nebenraum. Im ersten Stock das Arbeitszimmer mit Balkon, Bibliothek und Schlafraum.

Die Entscheidung fällt ihm leicht: Fortan wird Kurt Tucholsky in Schweden leben. Im Januar 1930 kann er das Haus beziehen.

Auch jetzt müht er sich, seine Gewohnheiten beizubehalten. Er schreibt und liest am Tag und in der Nacht. Lässt sich regelmäßig im Taxi zum Bahnhof fahren, um in Göteborg einzukaufen: Bücher, Whisky, Rotwein, englische Zigaretten, Zigarren, Tabak für die Pfeifen.

Schreibt er einen Roman?, hat Mary im Sommer gefragt. *Roman weiß nicht*, antwortet er. Er hat Pläne, gewiss, möchte dem Tagesjournalismus am liebsten entfliehen, in aller Ruhe etwas Größeres in Angriff nehmen, einen Roman über Napoleon zum Beispiel, für den er schon Material sammelt. 1931 beschäftigt er sich mit einem anderen Projekt, wieder einem Roman. *Eine geschiedene Frau* soll er heißen, Tucholsky schreibt ein Exposé und schickt es dem Rowohlt Verlag. Realisiert wird auch dieses Vorhaben nicht. Es fehlt ihm, wie er findet, der epische Atem, zudem nehmen die Schmerzen in der Stirnhöhle zu und ziehen mehrere Eingriffe nach sich, die Unruhe wächst, und die Zeit ist langfristigen Unternehmungen eines Schriftstellers ohnehin nicht günstig. Der Roman, so ist mit dem Verlag ausgemacht, soll 1933 erscheinen. Da herrscht schon Hitler in Deutschland, und Kurt Tucholsky ist längst *ein aufgehörter Schriftsteller*. Er hat mit der Niederschrift des Romans nicht einmal begonnen.

Ein Buch jedoch gelingt ihm doch noch, eine Sommergeschichte wie schon *Rheinsberg*, ein überwiegend heiteres Stück Prosa mit dem Titel *Schloß Gripsholm*, ein kleines Werk, das erstaunt, weil es der Verzagtheit, der Verzweiflung abgetrotzt werden musste. Tucholsky sieht sich als Gescheiterter. Jahr für Jahr hat er sich den deutschen Zuständen widersetzt, höchst erfolgreich, aber auch wirkungslos. Da schreibt man und arbeitet man, erklärt er zur selben Zeit in einem Brief an Franz Hammer, *und was ereignet sich nun realiter in der Verwaltung? Bekommt man diese üblen und verquälten, quälenden invertierten Anstaltsweiber fort? Gehen die Sadisten? Werden die Bürokraten entlassen …? Das bedrückt mich mitunter.*

Am Sinn seines Tuns zweifelt er immer heftiger, aber nun ist ihm etwas Hinreißendes gelungen, ein Buch von großer, funkelnder Leichtigkeit, mit Esprit und Pfiff erzählt, ein Riesenerfolg, der noch im Ausland Bewunderer findet. Schon damals hat man vermutet, das pikante Abenteuer eines jungen Mannes mit zwei munteren Damen im Schloss Gripsholm habe sich so oder so ähnlich in der Wirklichkeit abgespielt und sei ohne große Umstände in

Literatur verwandelt worden. Der Ansicht ist Kurt Tucholsky im Mai 1931 vehement entgegengetreten. *Außer einem etwas vagen Modell zum Karlchen und der Tatsache, daß es wirklich ein Schloß Gripsholm gibt, in dem ich nie gewohnt habe*, schreibt er dann an Alfred Stern, *ist so ziemlich alles in der Geschichte erfunden: vom Briefwechsel mit Rowohlt an bis zur (leider! leider!) Lydia, die es nun aber gar nicht gibt.*

Ein bisschen geflunkert hat er denn doch, denn die reizende Lydia seines Buches ist zwar beileibe nicht identisch mit Lisa Matthias, aber ohne sie auch nicht denkbar. Die gedruckte Widmung – *Für IA 47 407* – ist ein launiges Indiz. Es ist das Autokennzeichen von Lisa Matthias.

Die Freundin indes liegt auf der Couch und nimmt übel. Tucholsky, erzählt sie, habe ihr das Manuskript in die Hand gedrückt, sie zieht sich ins Wohnzimmer zurück, sie liest, sie findet ein paar Bonmots wieder, die von ihr stammen, und ihr wird übel. Kein Quentchen wirkliches Gefühl sei in der Geschichte, nur Eiseskälte, meint sie, der Inhalt dumm, und dass Tucholsky sein Buch noch mit den Episoden um die tyrannische deutsche Heimleiterin Adriani und ein gepeinigtes, verzweifeltes Kind befrachtet hat, ist in ihren Augen mehr als primitiv. Sie ist empört, und sie hat am Ende nur eine Erklärung, warum es diese Manuskriptseiten gibt: *Schloß Gripsholm* soll Geld einbringen. Geld für die Erbin Mary Tucholsky.

Aus der enttäuschten Liebhaberin, die sich von der Beziehung mehr erhofft hat, ist der Racheengel geworden, eine von Missgunst getriebene Frau, die, um den Mann zu treffen, auf sein wundervolles Buch einschlägt.

Im April 1931 zerbricht die Beziehung. Lisa Matthias, gekränkt von Tucholskys erotischen Eskapaden, die sie entdeckt oder vermutet, hält sich im Schlussteil ihrer Erinnerungen nicht mehr zurück. Tucholsky ist dann nur noch ein Mann mit übersteigertem Sexualhunger, der sie jeden Tag, wie sie allen Ernstes erklärt, mit einer alten oder neuen Freundin betrügt.

Ihren Abschiedsbrief schließt sie mit den Worten: »Ich wünsche Dir von Herzen kein Glück. Es war alles ein Irrtum – Gott sei Dank ein reparabler.«

Lisa Matthias, die mit Grausen Deutschlands Marsch in den Faschismus beobachtet, ist nach der Trennung in Schweden geblieben. Als sie die Nachricht vom Freitod Tucholskys erreicht, fährt sie von Stockholm nach Hindas, um etwas über die Umstände seines Sterbens zu erfahren. Die Liebe ist vor Jahren erkaltet, aber bewältigt und getilgt ist sie nicht.

Zehn Jahre später, wenn der Krieg zu Ende ist, beginnt sie einen neuen Lebensabschnitt. Sie gründet, seit 1943 schwedische Staatsbürgerin, ihr eigenes Unternehmen, den Bibliophilen Club, einen kleinen, bescheidenen Verlag, der sich vornimmt, ausländische Schriftsteller bekannt zu machen, die man in Schweden nicht kennt. Sie druckt Homer, Wieland und Jean Paul, Büchner und Gogol, Hofmannsthal und Proust, sie übersetzt manche Texte selbst, schreibt Nachworte, kümmert sich um die exquisite Ausstattung der Bände, Typografie, Layout, Papier, Druck und Einband, und sie sucht junge, begabte Künstler, die sich als Illustratoren erproben können.

Es wird eine Buchreihe von erlesenem Geschmack, die erste dieser Art, die es in Schweden gibt. Der Erfolg ruft andere Verlage auf den Plan, Editionshäuser mit größeren finanziellen Möglichkeiten und besserer technischer Ausrüstung, Konkurrenten, die das ehrgeizige, aber winzige Unternehmen der Lisa Matthias allmählich vom Markt drängen. Da gibt sie auf, kehrt zum Journalismus zurück, gründet eine eigene Zeitschrift, schreibt und reist, baut sich ein kleines Häuschen und setzt sich eines Tages hin, um ein Buch über ihre Zeit mit Kurt Tucholsky zu verfassen, das allerdings bei der deutschen Kritik, die es geschwätzig findet, gar von Verunglimpfung spricht, durchfallen wird.

Ende 1982 ist Lisa Matthias in Ängelholm gestorben, gewürdigt vor allem für ihre Verdienste um die schwedische Buchkunst.

Neue Freundinnen

Er ist auf der Hut, auch hier in Schweden. Der erste überlieferte Brief, den Kurt Tucholsky am 28. Januar 1930 in Hindas schreibt, geht an Mary und enthält die Bitte, seine neue Anschrift ja *im Busen zu bewahren.* Niemand in Deutschland, von engsten Freunden abgesehen, soll wissen, wo er zu erreichen ist. Noch wohnt er, weil die Renovierungsarbeiten nicht abgeschlossen sind, im Hotel, am 7. Februar aber ist es so weit: Er bezieht, zunächst mit Lisa Matthias, die gemietete Villa, und nach und nach treffen auch seine Sachen ein: Bücher, Bilder, Vorhänge, Erinnerungsstücke. Carl von Ossietzky, der ihn im Herbst besucht, spricht in einem Brief von einem kleinen, sehr komfortablen Haus. Sonst sei es hier ganz und gar einsam. »Das Haus liegt am Rande eines hohen Tannenwaldes mit Ausblick auf einen See so groß wie der Wannsee ... Möglich, daß da hinter den Bäumen oder oben auf noch Leute wohnen, gesehen habe ich sie nicht.«

Treue Helfer sind in Hindas gleich zur Stelle, erst Inga Melin, eine junge, hübsche Schwedin, die Tucholsky schon bei den Mietverhandlungen und der Einweisung der Handwerker zur Seite stand, danach, ab Herbst 1930, als die Studentin in Göteborg ihr Lehrerexamen ablegen muss, Gertrude Meyer, die in die Villa Nedsjölund kommt, weil der neue Hausherr jemanden sucht, der Noten schreiben kann.

Gertrude Meyer, geboren 1897, Tochter eines wohlhabenden jüdischen Kaufmanns, erweist sich als Glücksfall. Sie hat Sprachen gelernt, deutsch, englisch, französisch, ist Klavierlehrerin gewesen, hat eine Zeitlang in einem Berliner Antiquitätengeschäft gearbeitet, und sie kennt die *Weltbühne.* Wer der misstrauisch beäugte Fremde im Ort ist, dem auch die Familie mit Skepsis begegnet, muss ihr niemand erklären. Sie ist Anfang dreißig, gebildet, charmant, geistig hellwach und politisch interessiert. Die Vorgänge in Deutschland verfolgt sie mit großer Aufmerksamkeit, auch mit Sorge.

Von einem solchen Beistand kann ein Mann in seiner Situation nur träumen. Gertrude Meyer dolmetscht, kümmert sich um Haushalt und Post, kocht Marmelade, sie hilft Tucholsky bei seinen Bemühungen, schwedisch zu lernen, erledigt die Formalitäten bei Behörden und Banken, begleitet ihn auf seinen Fahrten nach Göteborg, wo es einen Arzt und einen Friseur gibt, Einkaufsmöglichkeiten, Bücher und Zeitschriften, die Stadtbibliothek, die er wegen der ausländischen Zeitungen aufsucht. Sie liest ihm die Wünsche von den Lippen und ist zur Stelle, wann immer sie gebraucht wird.

Das Verhältnis beider ist im Sommer 1931 schon so eng, dass sie einen gemeinsamen Urlaub in England verbringen. Eigentlich sollte es eine Reise mit Lisa Matthias werden, doch nun, nach der Trennung, fährt Tucholsky erst einmal allein los, besucht Mitte April Emil Jannings in Strobl am Wolfgangsee, fährt anschließend über die Schweiz nach Paris und im Juni nach London, wo er sich im luxuriösen Park Lane Hotel einquartiert, an einem Filmexposé und mit Walter Hasenclever an der Komödie *Christoph Kolumbus* arbeitet und seine französische Freundin trifft, Jean de Montaignac, eine entzückende junge Frau aus der Provence. Genannt wird sie nur die »Gräfin«, obwohl sie gar keine Gräfin ist. Den Namen hat ihr Tucholskys immer zu Späßen aufgelegter Freund Karlchen verpasst.

Nach ihrer Abreise kommt Gertrude Meyer, um nach ausgiebigen Touren durch Londons Straßen und Geschäfte mit Tucholsky die Ferien in Kent zu verbringen. Er hat in der Nähe von Ashford ein Landhaus gemietet, *ein kleines Häusgen*, das in Wahrheit so winzig gar nicht ist und beste Voraussetzungen bietet, um in Ruhe arbeiten zu können. Ein Klavier gibt es da, und es ist *ganz totenstill.*

Gertrude Meyer ist Tucholskys Stütze im fremden Land, eine zupackende, umsichtige, fürsorgliche Frau, die sich um all seine Angelegenheiten in Hindas kümmert. Wenn er da ist, geht sie jeden Tag den Weg zum nahen Haus am Hang, wenn er verreist ist, jeden zweiten. Sie wartet jedesmal geduldig und voller Sehnsucht. Sie liebt ihn, kein Zweifel. Sie wird ihn noch im hohen Alter lieben, wenn Leute aus Deutschland kommen und nach ihm fragen. Mit »herzerfrischender Innigkeit« habe sie von Tucholsky gesprochen, berichtet 1990 die Journalistin Annemarie Stoltenberg.

Zwanzig Jahre nach Tucholskys Tod, 1955, hat sie doch noch geheiratet, einen Deutschen wie ihn, einen Einwanderer. Er hieß Friedrich Prenzlau, war promovierter Jurist und Altphilologe, Jude, Chef eines vom Vater übernommenen Exportunternehmens. Er sei ein sensibler, gütiger, einfühlsamer Mann gewesen, heißt es, der freilich den anderen, seinen berühmten Vorgänger, nie losgeworden ist, der es aber mit einiger Gelassenheit ertrug, wenn Besucher mit seiner Frau über den sonderbaren Mann aus Deutschland sprachen. Tucholsky hat seinen Platz im Leben Gertrude Meyers immer behalten.

In seinem Haus ist er anfangs nur selten. Oft ist er unterwegs, mal in Paris, dann in Kopenhagen, heute in Le Lavandou, morgen in Zürich oder Wien. Er eilt weiter durch Europa, konferiert mit Ossietzky in Lübeck, beugt sich mit Hasenclever über das Kolumbus-Stück, unterzieht sich weiterer Nasenoperationen, die jedoch kaum Erleichterung bringen, absolviert eine Kur im Park-Sanatorium Hietzing bei Wien.

Gereist wird mit großem, voluminösem Gepäck, einer Schreibmaschine, der Reisetasche, einer Dokumentenmappe. In zwei gewaltigen Schrankkoffern ist alles verstaut, was unterwegs gebraucht wird: mehrere Anzüge, reichlich Wäsche, Schachteln, Bücher. Kurt Tucholsky, immer bestens gekleidet, auch im Urlaub mit Krawatte und Einstecktuch, braucht wenigstens zwei Hemden am Tag, natürlich akkurat gebügelt, und auch den Anzug wechselt er tagsüber mehrmals. Außerdem hat er immer einen Haufen Taschentücher dabei, alle aus feinstem Leinen. Aline Valangin, die den Stapel einmal sieht, will sie gezählt haben. Es sollen hundertzwanzig gewesen sein.

Aline Valangin ist eine attraktive, berühmte und einflussreiche Frau in Zürich, Pianistin, Publizistin und Schriftstellerin, später auch Psychoanalytikerin. Sie ist verheiratet mit Wladimir Rosenbaum, einem russischstämmigen Juden, der als Kind vor den zaristischen Pogromen hatte fliehen müssen und in der Schweiz ein erfolgreicher Staranwalt geworden war. Ihr Haus, der »Baumwollhof«, ist in den Zwanziger- und Dreißigerjahren Treffpunkt namhafter Künstler und Schriftsteller, schließlich auch Zentrum der in Zürich gestrandeten Emigranten. Hier verkehren James Joyce und Elias Canetti, Ernst Toller und Max Ernst, C. G. Jung und Hans Marchwitza.

Im Juni 1932 ist auch Kurt Tucholsky Gast des Hauses. Er ist nach Zürich gekommen, um sich bei Dr. Erich Katzenstein seine *kaputte Maschine* behandeln zu lassen. Abends nimmt ihn der Arzt mit, um ihm Gesellschaft zu verschaffen. So macht Tucholsky die Bekanntschaft mit Wladimir Rosenbaum und seiner Frau, die sich als Schriftstellerin Aline Valangin nennen wird, erst in ihrem Stadtquartier, im August wohnt er auch in ihrem Palazzo, den sie in

Comologno, einem Ort im hintersten Onsernonetal, erworben haben. Einen nachhaltigen Eindruck wird er dort, im Tessin, gleich bei seiner Ankunft hinterlassen, weil man Verstärkung holen muss, um die riesigen Schrankkoffer über die Treppe in sein Zimmer zu bugsieren.

Aline Valangin beschreibt ihn als kleinen dicken Mann mit rundem Gesicht, leicht gelocktem Haar und dunklem, eindringlichem Blick. Er fühlt sich krank, will abnehmen, isst aber, ein Feinschmecker, gern, teuer und viel. »Er liebte zu sprechen, von allem und jedem, unterhaltend, witzig, manchmal auch sentimental, wie ich ihn von Anfang an für einen verhinderten Sentimentalen hielt, obschon er gerne über alles spottete und lästerte. Mit der Zeit erschien er jeden Abend bei uns und blieb sitzen, fast hingelegt in der Ecke eines monumentalen, besonders weich gepolsterten Divans, um zu plaudern. Er bat, es möge jemand bei ihm bleiben, über jede vernünftige Zeit hinaus, oft bis in den blassen Morgen hinein, wenn die Vögel zu zwitschern begannen. Und er sprach und trank guten Whisky dazu, nicht etwa übermäßig, gar nicht, aber doch unentwegt, was ihn bei Stimmung erhielt. Sonst sackte er leicht ab und wurde missmutig.«

Als Tucholsky in ihr Züricher Haus kommt, kennt Aline Valangin zwar seinen Namen, aber gelesen hat sie nichts von ihm. Er schenkt ihr alle Bücher, die in den Zwanzigerjahren erschienen sind, aber sie kann ihnen, wie sie später erklärt, wenig abgewinnen. Sie schätzt die treffsicheren Bemerkungen und die mutige Offenheit in den politischen Anklagen, meint jedoch, das alles sei eher oberflächlich und ziele auf den Effekt. In ihrem Urteil schwingt schon, ähnlich wie bei Lisa Matthias, die Enttäuschung mit, die ihre Erinnerung an den einst umschwärmten Gast ins leicht Gehässige treibt.

In Wahrheit hat sie Tucholskys Gesellschaft sehr genossen. Eine lange Liebschaft mit Ignazio Silone, der Aline Valangin später verlogen, nymphoman und obszön nennt, ist eben erst zu Ende gegangen, da kommt der charmante Berliner gerade recht, um sie aus dem Stimmungstief zu holen und ihren Gefühlshaushalt wieder ins Lot zu bringen. Sie schätzt das Gespräch mit ihm, den lockeren Ton, seine Späße, die kurzweiligen, amüsanten Vormittagsstunden am Schwimmbassin in Comologno, wenn Tucholsky, immer sprühend, Hof hält und die Anwesenden vor Lachen nach Luft ringen müssen. Er ist hinreißend, heiter und aufgekratzt, und er flirtet mit ihr, auf dem Kopf meist einen mächtigen Strohhut, hinter dem Ohr eine rote Mohnblume. Er bietet all seinen Charme und Geist auf, kann aber gleich darauf ins Klagen verfallen: über seine schlechte Gesundheit, dass er zu dick und ungebildet sei und nicht mehr schreiben könne, dass ihm *Rheinsberg* misslungen sei.

Das alles soll ihr Tucholsky geklagt haben, als sie ihn in ihrem Ford ins Unterengadin bringt, wo ihm auf Anraten des Doktor Katzenstein eine Diätkur bevorsteht. Angeblich hat sie ihn dann auch noch nach Sils Maria gefahren, wo er von einer »interessanten Dame« mit ihren schönen Töchtern empfangen wird. Bei ihnen soll er auch die Nacht verbracht haben.

Als alles schon lange vorbei ist, wird Aline Valangin allerdings bekennen, dass sie (wie auch ihr Mann) Tucholsky nicht besonders mochte, »obschon er sich sehr gut benahm«. Vor der Mitteilung steht jedoch der von Eifersucht getränkte Satz, der die Erklärung für ihr abgekühltes Urteil liefert: »Es hieß …, er habe sich mit einer Schweizer Ärztin verlobt und gedenke zu heiraten.«

Bei einem Essen mit dem Ehepaar Rosenbaum ist Kurt Tucholsky der Ärztin, die Aline Valangin lieber im Anonymen lässt, in diesem turbulenten Sommer 1932 zum ersten Mal begegnet, und er treibt in Comologno, gleich neben dem Schwimmbecken, noch immer seine Späße, als er der *lieben Dicken* am 11. August eine Nachricht über sein Befinden schickt. Was ihm fehlt, weiß er nicht, und abgenommen hat er auch nicht zu viel – eigentlich, aber das unterdrückt er lieber, gar nicht. Die Verlockungen in der Tessiner Sommerfrische sind viel zu groß, als dass er ihnen widerstehen könnte. Das Essen schmeckt und der Whisky auch. Doch das behält er besser für sich. Dafür kündigt er seinen Besuch Ende des Monats an. Dann will er nach Zürich kommen und vor ihrem Fenster pfeifen.

Die *liebe Dicke* ist Dr. Hedwig Müller, promovierte Ärztin für innere Medizin und Kinderkrankheiten, gute drei Jahre jünger als Tucholsky, unverheiratet, warmherzig, witzig und politisch engagiert. Sie ist, im schweizerischen Langenthal geboren, die Tochter eines Textilfabrikanten, hat in Bern studiert und im Herbst 1924 die Berechtigung erworben, eine eigene Praxis zu führen. Freunde und Bekannte schildern sie als eine ungewöhnliche, zutiefst sozial denkende Frau. Mit ihrer jüngeren Schwester Gertrud Elisabeth, die als Rechtsanwältin arbeitet, hat sie Ende der Zwanzigerjahre in einem Züricher Arbeiterviertel eine Sozialpraxis eröffnet.

Beide, selbstlos und hilfsbereit, verkehren in linksintellektuellen Kreisen, und wenn Hedwig Müller später, nach Tucholskys Tod, auch immer müder wird, sich nach Ruhe und Frieden sehnt, sogar von einem stillen Leben in Kanada träumt, hat sie ihren Einsatz für die Bedürftigen, die Schwachen der Gesellschaft nie in Frage gestellt oder gar aufgegeben. Sie ist deshalb auch von Anfang an dabei, als linke Ärzte 1937 die Centrale Sanitaire Suisse gründen, eine antifaschistische Hilfsorganisation für politische und jüdische Emigranten. Die Nazis sind ihr zutiefst verhasst. Sie verlässt sogar voller Zorn die Landeskirche, weil deren Protest gegen die Gräueltaten in Deutschland allzu matt und unzulänglich ausfällt.

Kurt Tucholsky wird sie Nuuna und Nunchen nennen. Oder Winternuuna, Karfreitagsnuuna, Obernuunchen. Er hat viele Anredevarianten für sie, immer neue. Sie ist die Frau, an der er sich festhalten kann, die ebenbürtige, die liebende, die starke und kluge Partnerin, psychisch weit gefestigter als er. Was Kurt Tucholsky am Ende seines Lebens dachte, fühlte und tat, weiß man nur, weil es in den Briefen steht, die er ihr schickte. Und er schreibt ihr pausenlos. Erzählt ihr alles: seine Leiden, seine Flüche, was er las, glaubt, verachtet. Rund 250 Briefe sind es am Ende, die Nuuna zu lesen kriegt, die meisten gehen über mehrere Seiten, dazu kommen ab September 1934 noch 53 ebenfalls mehrseitige Beilagen, die *Q-Tagebücher*, Blätter, mit denen er, wie er gesteht, geistig kuscheln will und die all das enthalten, was nicht im Brief steht. *Das Politische habe ich anliegend*, erklärt er, *damit es nicht den Brief kapott macht.* Das »Q« steht für »ich quatsche«.

Die Beziehung zu Hedwig Müller ist lange ein Geheimnis geblieben. Erst im Herbst 1969 kommt ihr der Schweizer Publizist Gustav Huonker durch einen Hinweis Mary Tucholskys und nach Recherchen bei der städtischen Einwohnerkontrolle in Zürich auf die Spur. Monate später, nach einem Besuch, hält er einen großen Karton voller Papiere in der Hand, Tucholskys Briefe, hunderte Seiten, die bis dahin kein anderer als die Empfängerin sah. Sie hat sie alle aufgehoben. Geredet hat sie darüber nicht.

Die alte Dame, inzwischen Ende siebzig, leise und zurückhaltend, weigert sich auch jetzt, mehr als nötig über ihre Zeit mit Tucholsky preiszugeben. Sie sei nicht so wichtig, erklärt sie, und das seien ja auch alles Privatsachen. Es dauert lange, bis sie sich 1972 doch noch entschließt, die Korrespondenz nach Marbach ins Deutsche Literaturarchiv zu geben.

Im Jahr darauf, am 1. Dezember 1973, stirbt Hedwig Müller, und ihr Besitz fällt an den Neffen, den einzigen Erben, der die signierten Bücher Tucholskys und die Widmungsexemplare seiner Kollegen, die sich noch in der Wohnung befinden, umgehend verkauft. Einige dieser Bände wenigstens kann Mary Tucholsky aufstöbern und fürs Archiv erwerben. Der Rest geht verloren.

Ich komme in etwa 10 Tagen angewackelt, und dann rufe ich Sie an, um Ihnen für alle die Freundlichkeit zu danken, mit der Sie sich meiner annehmen. Am 26. August 1932 macht Kurt Tucholsky seine Ankündigung wahr und steht tatsächlich vor dem Haus in der Züricher Florhofgasse 1. Comologno war gestern und Aline Valangin auch. Jetzt zählt allein Hedwig Müller.

Auf einem undatierten Kopfbogen der *Weltbühne*, einer Briefbeilage vom 9. September 1933, wird er ihr später, bei einem Aufenthalt in Paris, grafisch veranschaulichen, dass es neben ihr keine andere Frau mehr in seinem Leben gibt. Da hat er die Ehemaligen, verteilt übers Blatt, alle aufgeführt und alle mit rotem Stift durchgestrichen: die *Geschaftlhuberische* (entweder Aline Valangin oder Lisa Matthias), die *Gräfin* (Jean de Montaignac), die Freundin *Welsine* (Grete Wels, eine *Weltbühnen*-Bekanntschaft), *1. Frau* (Else Weil), *2. Frau* (Mary Tucholsky), *3. Frau* (vermutlich Gertrude Meyer). Darunter steht in großen, auseinandergezogenen Buchstaben: *nur Nuna!*

Hedwig Müller wird das Blatt gefallen haben. Aber kann sie das glauben? Dass Tucholsky kein monogamer Mann ist, dass überall eine ist, die er mag, wird ihr nicht lange verborgen bleiben. Natürlich lässt er es sich nicht nehmen, in Paris die »Gräfin« wieder zu treffen. Er berichtet es sogar. *Sie ist anständig und sauber wie immer*, schreibt er an Nuuna. Und dass sie *nach den deutschen Zicken* eine Erholung ist. Er ist wieder einmal entzückt: diese Nuancen, dieser Herzenstakt. *Wir haben heute gerudert*, schreibt er, *und ahms mache ich allein in einen Film und bin überhaupt von sanfter Melancholie und Treue erfüllt – ja, ja.*

Nuuna, ungewöhnlich tolerant und großzügig, sieht über solche Mitteilungen lächelnd und erhaben hinweg. Eifersüchteleien verkneift sie sich. Sie weiß ja längst, wie sehr er sie braucht. »Du bist andrerseits ein Trottel«, erwidert sie nur, »und brauchst mir wegen Gräfinnen keine halb und halben Entschuldigungen zu schreiben. Schwelge Du nur in französischen Frauenseelen, wirst schon sehen.«

Kurt Tucholsky ist schon bald nach seiner Ankunft in Zürich zu ihr in die Florhofgasse gezogen. Er wird fast ein ganzes Jahr bleiben, unterbrochen nur im September 1932 von seinem Kuraufenthalt bei Wien. *Liebe Gute*, schreibt er von dort, *die sanfte Stimme am Telefon war sehr schön, und ich grüße Dich erheblichst …* Er habe sie in sein Herz geschlossen, fügt er hinzu, *und es soll Dir gut gehen.*

Noch ist sie nicht Nuuna, sondern Tatjana. Und wird gleich damit beauftragt, für ihn die *praktischen Sachen des Lebens* zu regeln. Die Post soll sie ihm nachschicken, auch den kleinen Dokumentenkoffer, seine Schreibsachen und sein Geld, aber in Schillingen und bitte gleich. *Ich habe Dich nach wie vor sehr lieb*, schreibt er, *denke Deiner in Zärtlichkeit und bete zum heiligen Aeskulap, daß er mich in gutem Zustand zu Dir führe. Ich möchte Dir doch mal den Peter vorführen, wie er wirklich ist.*

Er ist ordnungsliebend, ihr Peter. Das erfährt sie zuerst. Und freut sich, dass er ein wenig aufräumt in ihrer Wohnung. Er erziehe sie so schön, wird sie gestehen und zugeben, dass sie eine »feste Männerhand« brauche, um nicht zu verschlampen. Und er ist ein Familienmensch mit großen Sympathien für Nuunas Schwester und deren Mann, für die übrigen Verwandten und Freunde. Im Kreis der Familie blüht er auf. Auch hier sprüht er vor Witz, ist der gutgelaunte Charmeur, der, wie schon in Comologno, die Gesellschaft fesselt und entzückt. »Ob er erzählte – und der Himmel weiß, dass es einen bessern Raconteur nicht geben konnte«, hat Nuunas Schwester berichtet, »ob er flink und ›maschinengenäht‹ Klavier spielte, ob er am Flügel spitze Chansons zu Tagesfragen sang, Chansons, die er mühelos aus dem Ärmel schüttelte, oder ob er am Tisch mit Donnerstimme rief ›Brot! Sofort!‹ und sich dann, nachdem wir ihm mit zitternder Hand das Verlangte gereicht hatten, einen imaginären Feldwebelschnurrbart strich und dazu halblaut selbstzufrieden bemerkte ›Na, man ist doch noch wer‹ – man war am laufenden Band fasziniert, und vor allem lachte man, bis man ganz aufgeweicht war.«

Aber auch jetzt, in Zürich, ist der Verdruss allgegenwärtig. Die Stadt gefällt Tucholsky nicht. Zürich sei *eine wahre Bochie*, sagt er. *Ein Hotelvolk. Sie sind nicht für Hitler – aber es sind Emmentaler Faschisten.* Er meidet die Stadt, so gut es geht. Hin und wieder setzt er sich in ein Lokal, trifft sich auch mal mit Ernst Toller, Walter Mehring oder Alfred Kerr, die sich ebenfalls in Zürich aufhalten. Gesellschaften jedoch geht er konsequent aus dem Weg. Am liebsten hält er sich noch in den Lesesälen der Museumsgesellschaft auf, wo die Tageszeitungen und Zeitschriften ausliegen und wo sich viele Intellektuelle, Journalisten und Künstler einfinden, die inzwischen aus Deutschland geflohen sind.

Kurt Tucholsky liest viel, er hört die Rundfunknachrichten, er blickt nach Deutschland, machtlos, illusionslos. *In Frankfurt haben sie unsere Bücher auf einem* Ochsenkarren *zum Richtplatz geschleift. Wie ein Trachtenverein von Oberlehrern*, schreibt er an Walter Hasenclever und fügt in einer Klammer hinzu: *(Ich werde nun langsam größenwahnsinnig – wenn ich zu lesen bekomme, wie ich Deutschland ruiniert habe. Seit zwanzig Jahren aber hat mich immer dasselbe geschmerzt: daß ich auch nicht einen Schutzmann von seinem Posten habe wegbekommen können.)*

Tucholsky weiß, was kommt. Den Glauben mancher Gefährten, ihre verzweifelte Hoffnung, der Spuk werde schnell vorübergehen, kann er nicht teilen. Das Spiel ist aus, die Heimat von Barbaren besetzt, das Publikum unerreichbar. Etwas anderes kann er nicht sagen. An Walter Hasenclever schreibt er auch: *Man muß die Lage so sehen, wie sie ist: unsre Sache hat verloren. Dann hat man als anständiger Mann abzutreten.* Und: *Mich geht das nichts an.*

Wo früher einmal, vor langer, langer Zeit, Kampfgeist war, ist jetzt, nach dem Triumph Hitlers, nur noch eine tiefe, lähmende Resignation. *Ich glaube nach wie vor nicht an extrem blutige Sachen in Deutschland*, schreibt er am 4. März 1933. *Es kann aufflackernde kommunistische Putsche geben, die werden blutig unterdrückt, 80 Tote, und 80 nutzlose Tote. Dann aber Totenstille. Dann setzt etwas viel, viel Schlimmeres ein: nach dem Spiel »Das dürfen die Leute ja gar nicht!« kommt das Spiel: »Ich weiß gar nicht, was Sie wollen – so schlimm ist es nun auch wieder nicht!« Das möchte ich nicht mitspielen, und ich werde es nicht mitspielen.* 1934 noch so eine Voraussage: *In der Politik zählt nur der Erfolg. Das bedeutet dann in fünf Jahren etwa irgendeinen Krieg, denn zu etwas anderm brauchen die das Geld nicht.*

Die Scheidung

Deutschland ist in der Hand der anderen. In Deutschland aber lebt Mary, und sie ist noch immer seine Frau. Sie lebt in Berlin, und sie hat Angst. *Sei Er froh, daß er frei atmen kann*: Das hat sie ihm schon vor einem Jahr, am 1. März 1932, geschrieben. Freilich: Sie hat ihn damals auch gleich beruhigt. Es ginge ihr relativ gut, und sie werde sich schon, was immer passiere, aus der Affäre ziehen.

Bis dahin hat Kurt Tucholsky alle wichtigen Fragen noch immer mit ihr besprochen. Sie betrafen seine Mitarbeit an der kommunistischen AIZ, die Zensurdrohungen, oder, 1932, den Prozess, in dem Carl von Ossietzky wegen des Satzes *Alle Soldaten sind Mörder* angeklagt wurde. Den Satz hat er, Tucholsky, geschrieben, und nun quält er sich mit der Frage: Soll er zur Verhandlung nach Deutschland fahren oder nicht? Ossietzky, den er zunächst nicht mochte und über den er sich nur abfällig äußerte, ist längst der hochgeschätzte, tapfere Kollege geworden, der seit dem 10. Mai 1932 für sie alle im Gefängnis sitzt, verurteilt im »Weltbühnen-Prozess« zu anderthalb Jahren Haft wegen angeblichen Verrats militärischer Geheimnisse. Und nun, kurz darauf, eine weitere Anklage, diesmal seinetwegen.

Kurt Tucholsky überlegt lange, ob er nicht moralisch verpflichtet wäre, nach Berlin zu reisen, um dem Gefährten beizustehen. Aber er will nicht, und auch Mary rät ab: *Dank Er seinem Schöpfer, daß Er nicht in Deutschland zu leben braucht.*

Mary, besorgt seit den Angriffen auf das Deutschland-Buch, redet ihm ins Gewissen. *Er lebt ja seit 8 Jahren im Ausland und ist doch deutlich und offen von diesem Staat, dieser Politik, diesen Leuten, diesem Getue abgerückt, Er ist nicht einer von ihnen*, schreibt sie am 4. April 1932. *Daß Er sich in Zukunft zurückhalten muß, halte ich für notwendig. Es geht auf die Dauer nicht, glaube ich, nur Kritik zu üben an einem Lande, dessen Staatsangehörigkeit man besitzt, in dem man nicht lebt, an dessen Umbau man nicht mitarbeitet. Der katastrophale Niedergang verlangt Handeln, negative Kritik ist ja nun seit 14 Jahren geübt worden, nun, bitte, endlich positive Vorschläge. Die Radikalisierung auf beiden Seiten wird mit jedem Tag durch die wirtschaftlichen Verhältnisse größer. Es geht nun um einen Kampf ums Leben. Ich glaube die Zeit der negativen Kritik ist bald vorüber.*

Früher hätte er protestiert, hätte wie damals, als er sich gegen die Vorwürfe Herbert Iherings wehrte, die Notwendigkeit seiner Kritik und seiner Attacken betont, doch seine Kraft ist nun verbraucht, die Lage in seinen Augen aussichtslos. *So ungefähr sehe ich die Dinge auch*, antwortet er nun. In politischer Hinsicht würde er längst schweigen, wenn nicht Ossietzky ihn immer wieder *in diesen Kram* hineinziehen würde. *Positive Vorschläge? Ich weiß keinen mehr. Und daher bin ich auch recht still geworden.*

Das erklärt er am 10. April 1932. Sechs Tage danach, unmittelbar vor seiner ausgedehnten Reise in die Schweiz, steht in der *Weltbühne* noch einmal ein Artikel von ihm, danach noch ein kurzer Leserbrief. Es ist sein Abschied vom Tagesjournalismus. Panter, Tiger und Co. verstummen.

Die Sorge um Mary quält ihn schon lange. Bereits am 15. Februar 1930 ist in der *Deutschen Wochenschau*, einem in Berlin herausgegebenen Blatt, ein Artikel erschienen, der mit der Frage überschrieben ist: »Wer haut ihm auf die Judenfinger?« Der letzte Satz, gesperrt gedruckt, lautet: »Im Dritten Reich wird es weder eine ›Weltbühne‹ noch einen Juden Tucholsky geben!«

Nu paß Er mal auf, hat Kurt Tucholsky Mitte März 1930 an Mary geschrieben. *Ferne sey es von mir, hysterisch den Weltuntergang zu sehen, weil die üblichen Frühlings-Putschgerüchte schwirren. Hingegen hat Er ja allerhand in Seinem Leben mitgemacht und weiß, daß kein Boden fest steht, er kann schwanken. Item: Er heißt doch nun so wie ich. Wenn sie Ihm nun deshalb an den Kanthaken gehen? Wenn Er das für nötig hält, bin ich gern bereit, Ihm einen Brief zu schreiben mit falschem Datum, wo drin steht, wir hätten uns wegen der Politik getrennt, ich sei links und Er sei rechts. Na, nu lacht Er. Ich lach ja auch. Aber schließlich: Er wohnt da allein, trägt diesen Namen, es ist in Deutschland kein Ding unmöglich.*

Mary kann an eine Gefahr für sich nicht glauben. Sie ist überzeugt, dass er Gespenster sieht, und sie glaubt im Übrigen auch nicht, dass ein solcher Brief von ihm sie schützen würde. Tucholsky gibt sich mit ihrer Reaktion vorerst zufrieden, doch am 16. Juli 1931 kommt er auf die Angelegenheit zurück. Er hat es nicht eilig mit der Scheidung, aber unter den obwaltenden Umständen hält er es für sauberer und reinlicher, *einen Zustand herzustellen, der dem der Wirklichkeit entspricht.*

Marys Zuversicht, ihr werde schon nichts passieren, ist 1933 verflogen. Am 3. Juni berichtet sie in einem Brief an Tucholsky, der ihn allerdings nicht erreicht: *Die Angriffe auf mich in meinem Betrieb wollen nicht aufhören und die Leute geben sich die größte Mühe, den Staat zu retten, indem sie mich hinausgraulen.*

Schon im März 1933 ist ihre Wohnung durchsucht worden. Mary erklärt tapfer, nicht zu wissen, wo sich ihr Mann aufhalte. Die Ermittlungen werden auf Genf ausgeweitet, verlaufen dort jedoch ergebnislos. Außer der Feststellung, dass Tucholsky 1910 an der Universität studierte, kann die Gestapo nichts herausfinden. Ende März 1933 ein weiterer Polizeibericht: »Bei der Ehefrau des T. wurde eine erneute Durchsuchung vorgenommen. Die Ehefrau erklärt, daß sie mit ihrem Manne nicht in Verbindung stehe, jedoch habe er ihr zu ihrem Geburtstag im Nov. 32 eine Geburtstagskarte aus der Schweiz gesandt …«

Jahrzehnte danach wird Mary Freunden erzählen, wie sie am 15. März 1933 im Büro ihrer Firma von der Aufwartefrau telefonisch alarmiert wurde. Vierzehn Mann befänden sich in der Wohnung. Ein Großkommando der Polizei, verstärkt durch SA-Leute, hat die Kolonie am Laubenheimer Platz besetzt, in der Mary wohnt, um nach den »Führern der Kommune« zu suchen. Sie fährt sofort los. Sie sieht die Lastwagen mit den Verhafteten, den beschlagnahmten Sachen und Büchern, und es gelingt ihr, durch die Absperrung ins Haus zu kommen. In den Räumen alles durchwühlt, die Bücher aus den Regalen gerissen, die Schubfächer entleert. Nur den Kleiderschrank haben die Männer verschont. Ein Glück: Zwischen den Wäschestücken liegen, unangetastet, die Briefe und ihre Tagebücher, ihr kostbarster Besitz.

Die Scheidungsverhandlungen kommen unterdessen nur zäh voran. *Die Sache am 10. ist pflaumenweich gewesen*, schreibt Mary am 16. Juli 1933 an Tucholskys Freund Danehl, *und erst gestern habe ich den Bescheid bekommen, daß ein neuer Termin auf sage und schreibe den 2.10. angesetzt ist.* Sie sei *ehrlich verzweifelt*, denn nach einem neuen Gesetz kann ihr als ehemaliger Russin die deutsche Staatsbürgerschaft aberkannt werden. Sie beantragt, den Termin vorzuverlegen. *Man wird systematisch durch all die Widerwärtigkeiten, die täglich auf einen herunterprasseln, zermürbt*, schreibt sie, *und daß man das Schicksal von Tausenden teilt, ist kein Trost …*

Ein paar Wochen muss sie noch warten, dann, am 21. August 1933, im letzten Augenblick, wird die Ehe geschieden. *Ich halte es für gut*, schreibt Tucholsky seinem Freund Hasenclever, *wenn die Leute wissen, daß da nichts mehr ist – eben, damit sie nun nicht mehr belastet ist. Die Sache ist selbstverständlich in aller Freundschaft vor sich gegangen. Sie ist ein tadelloser und anständiger Mensch.*

Nur drei Tage später, am 24. August 1933, steht Kurt Tucholsky mit zweiunddreißig anderen Personen, darunter Lion Feuchtwanger, Alfred Kerr und Heinrich Mann, auf der ersten Ausbürgerungsliste der Nazis. Mary nimmt wieder ihren Mädchennamen Gerold an.

Der Scheidung folgt eine lange Briefpause. Erst am 1. März 1934 meldet sich Tucholsky wieder. Es geht um die Kosten der Scheidung. *Mir geht es schlecht*, erklärt er am Rande und unterzeichnet mit *N.* für Nungo. Mit dem nächsten Schreiben vom 17. April 1934 bricht der Kontakt endgültig ab. *Werte Frau Gerold!* beginnt es und endet so unverdächtig wie möglich mit der Formel: *mit den besten Grüßen / Ihre ergebene / Gertrude.*

Gegen einen Ocean pfeift man nicht an. Es ist, formuliert im April 1933, sein letztes Wort. *Die Weltbühne*, in Deutschland unterdessen verboten, existiert als *Die neue Weltbühne* weiter, verlegt in Wien, aber Kurt Tucholsky lehnt eine Mitarbeit ab. Der Kritiker Carl Seelig, der sich rührend um die Emigranten in der Schweiz kümmert und mit dem Verleger Emil Oprecht Lese- und Vortragsabende der geflüchteten Autoren in einer Kirche organisiert, lädt auch ihn im Mai 1933 ein, eigene Arbeiten vorzustellen. Doch so sehr Tucholsky die uneigennützige und kameradschaftliche Hilfe zu schätzen weiß, er schlägt das Angebot aus: *Mit Rücksicht auf deutsche und schweizer Faschisten ein zahmes Programm zusammenzustellen, ist mir nicht möglich. Wenn ich heute vor meine Leser trete, so habe ich das Selbstverständliche zu tun: für meine in Deutschland geschundenen und wirtschaftlich ruinierten Gesinnungsfreunde einzutreten und gegen ihre Peiniger. Eine andere Haltung kann ich nicht einnehmen – sonst will ich lieber schweigen.* Er weiß ja, dass die Schweiz jede Auseinandersetzung mit den Nazis als »unerlaubte politische Betätigung« betrachtet.

Am 4. September 1933 wird Tucholskys Aufenthaltsgenehmigung für Zürich, die er alle zwei bis drei Monate verlängern lassen musste, noch einmal um drei Tage erneuert. Seine Zeit bei Nuuna ist damit abgelaufen. Am 7. September reist er mit einem Visum, das bis Mitte Oktober Gültigkeit hat, weiter nach Frankreich.

Vorher allerdings legt er noch fest, wie mit seiner Korrespondenz zu verfahren ist. Sendungen, die von Schweden in die Schweiz gehen und von der Schweiz nach Schweden, werden über Deutschland befördert. Kurt Tucholsky behält deshalb die Züricher Adresse, Florhofgasse 1, bei. Niemand, nicht einmal sein Bruder, soll wissen, dass er in Hindas lebt. Die Briefe, die an ihn gerichtet sind, auch ihre eigenen, schickt ihm Hedwig Müller immer an Deckadressen, an Gertrude Meyer in Hindas oder deren Mutter in Göteborg. Er wiederum legt seine Korrespondenz den Briefen an Nuuna bei, die sie nach einer speziellen Nummernliste, auf der Ziffern die Empfänger bezeichnen, weiterleitet. Der Gestapo, die die Post kontrolliert, gelingt es nicht, dieses System zu durchschauen.

Bei der Adresse Florhofgasse 1 bleibt es auch, wenn Nuuna im Herbst 1934 in ein nahegelegenes Appartementhaus zieht. Kurz zuvor, im Juni 1934, wird Tucholsky, nun staatenlos und mit einem schwedischen Fremdenpass ausgestattet, sie in der Florhofgasse 1 (wo heute eine Gedenktafel an seinen Aufenthalt erinnert) noch einmal besuchen. Nuuna muss dafür eine Kaution von 2 000 Franken hinterlegen.

Ressort Zuversicht

In Hindas wartet unterdessen Gertrude Meyer, das »Fröken«. Ein Sommer vergeht, ein Winter und noch ein Sommer, und erst, als es wieder Herbst ist, Herbst 1933, nach beinahe anderthalb Jahren, kehrt Kurt Tucholsky in seine Villa zurück.

In Paris ist es zuletzt nicht sehr schön gewesen, er war krank, musste zum Arzt, kämpfte gegen die heftigen Kopfschmerzen. Viel besser geht es ihm immer noch nicht, und außerdem muss er sich erst daran gewöhnen, wieder in den eigenen vier Wänden zu sein. *Das Haus ist sauber*, schreibt er an Nuuna, *das Dienstmädchen gibt sich Mühe, ich lasse mich ein bißchen massieren, aber ich bin müde, und der Hals will nicht.*

Gertrude Meyer ist wahrscheinlich gleich zur Stelle gewesen, froh, dass er wieder da ist, bereit, ihn zu umsorgen. Weiß sie, was es mit der Florhofgasse auf sich hat? Dass es in Zürich eine andere gibt? Was er ihr in der ganzen Zeit schrieb, was er mitteilte und was er verschwieg, wissen wir nicht. Sie hat alle Briefe Tucholskys vernichtet. Vermutlich hat er ihr von Hedwig Müller berichtet. Eine Bekannte, eine Freundin. Die ganze Wahrheit wird es nicht gewesen sein. Nuuna schließlich wird auch nicht alles über seine Beziehung zu Gertrude Meyer wissen. Gut, dass sie in Hindas nach dem Rechten sieht, eine zuverlässige, liebe, treue, unentbehrliche Seele, ist ihr natürlich bekannt. *Die Meyern hilft rührend*, heißt es nun, am 3. Oktober 1933, im Brief an Nuuna. *Aber mir wäre lieber, Du tätest das.*

Die Meyern, schreibt er. So nennt er sie meistens. Es klingt unverdächtig. Aber es macht auch kenntlich, dass es eine allzu große Nähe nicht gibt. Nennt man so eine Frau, die man liebt? Tucholsky ist dankbar für die Hilfe und Zuwendung, er schätzt das allgegenwärtige »Fröken«, er mag sie auch, mag sie möglicherweise sehr, aber geliebt wird Nuuna. Er betont es in beinahe jedem Brief, er sehnt sich, niemand erhält so viele Briefe von ihm wie sie. Manchmal schreibt er jeden oder jeden zweiten Tag, und weil er ja nicht mehr publizieren kann, führt er für sie sein *Q-Tagebuch*. In den Blättern, die er seit September 1934 seinen Schreiben beilegt, steht alles, was ihn beschäftigt: seine Gedanken zu politischen Ereignissen, Meinungen über gelesene Bücher, Glossen über Zeitungsartikel, Ansichten über Zeitgenossen, später auch Persönliches.

Hier, auf vielen hundert Brief- und Tagebuchseiten, ist sein langer Abschied von der Welt eingetragen, seine Vereinsamung, sein Zorn.

Er ist noch immer, auch wenn er jetzt *ein aufgehörter Schriftsteller* ist, der blendende, der sprachmächtige Autor, der Polemiker, der elegante Analytiker, in seiner Verzweiflung so ausdrucksstark, so sprühend wie einst in seinen publizistischen Kämpfen, nur erfahren dies nur noch ganz wenige, Walter Hasenclever etwa, vor allem aber Nuuna. Sie tritt jetzt an die Stelle des Publikums, das er nicht mehr hat, sie ist die Frau, die ihn vor dem Versinken in die völlige Teilnahmslosigkeit bewahrt, die ihn am Schreiben hält und somit am Leben.

Er ist ja in Hindas völlig isoliert, ein Fremder, der irgendwie dazugehört, den man ab und an mal zu Gesicht bekommt, der nicht stört und den man in Ruhe lässt. Ein Behördenangestellter, der im Februar 1934 nach ihm fragt, hört sich vergebens um und fasst die Suche hinterher in den Satz: »Da es im Ort niemanden gibt, der mir Auskünfte über Tucholsky geben könnte, habe ich mich an ihn selber gewandt …«

Ich bin leer wie ein altes Faß, ich glaube, in mir ist gar nichts mehr drin. Das hat Kurt Tucholsky schon im Sommer 1927 an Mary geschrieben. Im Jahr darauf wird er bekennen, gar nicht mehr zu wissen, was schriftstellern ist. Aber da publiziert er noch. Da liegen noch viele Monate publizistischen Kampfes vor ihm, auch sein Deutschland-Buch und zwei seiner erfolgreichen Sammelbände. Da ist auch *Schloß Gripsholm* noch nicht verfasst.

Doch er ist krank, ständig erkältet und *die Stirn voll wie üblich* durch Infektionen der Nasen-Nebenhöhlen. Ein Arztbesuch folgt dem anderen. Dazu Aufenthalte in Sanatorien, Schwefelkuren, immer neue Therapieversuche. Es geht ihm *säuisch*, er verliert Geruch und Geschmack, muss ein ums andere Mal ins Bett, er stöhnt, flucht, sitzt gequält, gemartert an der Schreibmaschine und verzweifelt, weil er spürt, wie ihm die Leistungskraft abhanden kommt.

Auch die Briefe an Nuuna sind durchsetzt mit Klagen über sein Befinden. *Ich bin ziemlich down*, berichtet er im Oktober 1933, *nach wie vor denke ich, daß es ein chronischer Nasenrachenkatarrh ist, und der drückt. Mir ist ziemlich widerlich.* Drei Tage später: *Sonst geht es mir dreckig. Ich bin nach wie vor der Meinung, die Sache ist falsch behandelt worden.* Im nächsten Brief erzählt er, wie er in Paris mit dem Wasser des Kurorts Challes-les-Eaux gurgelte und es ihm danach so fürchterlich ging wie lange nicht. *Ich werde wohl nicht mehr,* meint er. *Und überhaupt. Und man will es nicht.*

Dann, im November 1933, eine plötzliche Besserung. Zum ersten Mal seit zwei Jahren sei er wieder bei sich, meldet er Nuuna. *Es geht mir nicht gut, ich bin entsetzlich müde, aber angenehm müde, aber ich bin nicht mehr so verkommen und verblödet.* Doch die Erleichterung ist nicht von langer Dauer. Schon fünf Tage danach die bittere Feststellung: *Liebe Nuuna, die Wirkung von Medikament ist bereits alle, es geht so schlecht wie eh und je.* Schließlich das Bekenntnis: *Ich weiß nicht, ob ich das lange mitmachen werde. Ich verspreche Dir feierlich, keine Torheiten zu machen, bevor Du kommst – aber ich glaube, ein gutes Empfinden dafür zu haben, wann meine Zeit gekommen ist. Dies ist nicht meine Zeit.*

Ende 1933 begegnen sich Nuuna und Gertrude Meyer zum ersten Mal. Die beiden Frauen bewahren Haltung, sie finden Gefallen aneinander und freunden sich sogar an. Nuuna ist am 25. Dezember nach Hindas gekommen, sie wohnt im Hotel gleich am Bahnhof, wo Tucholsky ein Zimmer für sie reserviert hat (*mit Bad, ist aber ziemlich teuer*) und reist am 21. Januar 1934 wieder ab. *Ich bedanke mich noch schönstens für alles*, schreibt Kurt Tucholsky, kaum dass sie wieder in den Zug gestiegen ist, *und gebe Dir das Brot der Liebe. Indem man mit Dir so nett zusammenburren kann, und es ist ein* Gammer, *daß wir nicht ständig aneinanderkläben, bis es uns graust... Aber Du willst ja nicht, weil ich aus bürgerlichem Stande bin. Jedennoch habe ich Dich sehr lieb und bin egalweg Dein liebes Hasenfritzli.*

Und ob Nuuna will. Nichts wäre ihr lieber, als mit ihm unter einem Dach zu leben, am besten bei ihr, in Zürich. Aber Tucholsky sperrt sich. *Man kann nicht unter Leute*, meint er nun, *auch nicht und gerade nicht unter die, wo einen gern haben, wenn man allen nur zur Last fällt und so kaputt ist. Daher meine Scheu vor allen Entscheidungen – bis ich das nicht heraus habe, will ich keine Entscheidungen fällen und nichts.*

Nuuna lässt nicht locker: »Du bist ein Tropf, so lange weg zu bleiben. Wenn ich sehe, wie sichs andere Leute einrichten, um zusammen zu sein, aber jetzt will ich auch kein Wort mehr sagen.« Zudem würde er auch schneller gesund.

Sie bittet, sie redet mit Engelszungen. Aber sie will nicht drängeln, ihn nicht unter Druck setzen. »Ich möchte Dich nur hie und da respektvoll daran erinnern, daß sich sogar für uns noch eine einigermaßen erträgliche Zukunft denken läßt. Wegen Herkommens will ich Dir nicht mehr zureden. Du weißt, wie schrecklich froh ich wäre wenn Du kämst.«

Im Februar 1934 der nächste Anlauf, Tucholsky nach Zürich zu locken. Nuuna bittet ihn, sich die Sache noch einmal zu überlegen. Wieder wehrt er ab. Er lebe wie hinter einer Wand von Schleim, schreibt er, und es sei schrecklich, damit auch noch zu reisen. Das liebe Schweden sei doch verdammt weit weg, schreibt sie daraufhin im Mai 1934. Sie will, »daß dem scheußlichen jetzigen Zustand ein Ende gemacht wird«. Tucholsky, schwebt ihr vor, könnte in der Schweiz die Staatsbürgerschaft beantragen. Sie müssten sich in diesem Fall lediglich darauf einrichten, »daß Du noch ein oder zwei Jahre dort oben sitzen kannst, damit das zustande kommt. Du sollst Dir aber darüber keine Sorgen machen, wir können das ganz gut durchstehen …« Tucholsky antwortet prompt: *Nunchen, Du sagst so. Was soll denn das heißen:* wir *werden das durchhalten? Nein, nein, ich bin dafür nicht gemacht. Laß mir man.*

Mitte Juni 1934, nach einer Kur in Frankreich, kommt er dann doch und verbringt bei ihr die zweite Hälfte des Monats. Am 2. Juli ist er wieder in Hindas. Einen Tag später bricht er, begleitet vom Dienstmädchen, auf zu einem fast dreimonatigen Urlaub nach Lysekil an die westschwedische Küste, wo er schon im Frühjahr ein Haus gemietet hat. Am 12. August kommt Nuuna für vier Wochen nach.

Es muss eine schöne, erholsame Zeit gewesen sein. So etwas Schönes, erinnert sie sich später, werde sie wohl ihr Leben lang nicht mehr haben. Zurück in Zürich, bekennt sie gleich im ersten Brief: »ich habe recht Heimweh nach Dir und habe den Kontakt mit den andern noch nicht so recht gefunden. Das Zusammensein mit Dir verwöhnt mich sehr … Bei Dir bin ich so unnervös … und fürchte mich vor nichts. Ich habe Dich doch verdammt nötig, Du blöder Affenpudding.«

Bewundernswert ihre Stärke, ihre unendliche Geduld, die sanfte Hartnäckigkeit, den störrischen Tucholsky ins Leben zurückzuholen. »Du sollst nicht verzweifeln«, schreibt Nuuna, »Du wirst wieder gesund und das andere läßt sich alles einrichten.« Ende September 1934 wieder so ein Satz: »Ich will mir auch sonst Mühe geben und nicht betrübte Briefe schreiben, es ist ja wahr, daß ich das Ressort Zuversicht habe.« Nur manchmal gerät sie an die Grenzen ihrer Nachsicht: »Deine Briefe sind nicht cheerful«, heißt es einmal. »... laß Dich nicht so ganz von Deinem Corpus überwältigen.« Und sie macht ihm klar, dass sie nicht »Madame Opferlamm« ist. »Im übrigen bist Du mir in dem Zustand lieber und erträglicher als andere Männer in ihren Glanzzeiten.«

Sie sind sich nah, auch geistig, auch politisch. Nur in einem Punkt liegen sie weit auseinander: in der Beurteilung seiner Krankheit. Ihm werde das Leben von irgendetwas gestohlen, das auf ihm liege *wie eine graue Decke*, klagt Kurt Tucholsky. Allein im Winter 1934/35 und im anschließenden Frühjahr lässt er sich fünfmal operieren und hat jedes Mal *dieses grauenhafte Gefühl des kleinen Todes.* Die bisherigen Eingriffe, meist sehr schmerzhaft, haben immer wieder die Hoffnung genährt, danach frei atmen zu können und den enormen Druck im Kopf zu verlieren, und manchmal schien es sogar, als sei alles besser geworden, aber der Erleichterung, dem Glücksgefühl folgte umgehend die Ernüchterung: Es war wieder umsonst. Er ist fassungslos, niedergeschmettert, er verdammt die Ärzte, die ihm nicht helfen können, er findet, dass Molière in seinem Stück *Der eingebildete Kranke* noch viel zu freundlich mit ihnen umgegangen ist.

Nuuna, die Ärztin, versucht, ihn zu besänftigen. Sie glaubt nicht, dass seine Leiden physische Ursachen haben, sie führt die Krankheit auf die Störung der psychischen Balance zurück. Sind es nicht womöglich die Leiden eines Hypochonders, der schon in Panik gerät, wenn seine Körpertemperatur am Nachmittag auf 37,6 Grad steigt? Sie können sich darüber nicht einigen.

Der schwedische Arzt Ole Hambert, der sich eingehend mit Tucholskys Krankheit befasst hat, widerspricht indessen Hedwig Müller und meint, »daß bei Nuuna – wie bei der Mehrheit ihrer Kollegen – die Kenntnis der relevanten medizinischen Literatur fehlte«.

Am 1. Juni 1935 schreibt ihr Kurt Tucholsky einen ungewöhnlich langen Brief, eine kleine Beichte, die eindringliche Schilderung seiner Leiden. So dezidiert hat er ihr seine Qualen noch nie erzählt. Von den letzten Operationen berichtet er und wie erschöpft er hinterher gewesen ist, wie sich zunächst nichts besserte und er den Arzt überredete, es noch einmal zu versuchen. Und dann, unverhofft und kaum noch erwartet, die Wende: Der Arzt legte los, es knackte, *und plötzlich geschah etwas ganz Merkwürdiges.* Das Leben hatte plötzlich einen Sinn. *Dies klingt nun wie aus dem Elaborat eines Verrückten; ich schreibe es aber doch. Es kam auf einmal Luft nach oben, wo nie Luft gewesen war, ich sah in eine Ecke, und alles war anders – aber gut anders.*

Es war die achte Operation in vier Jahren, und es scheint, als habe Tucholsky tatsächlich das letzte halbe Jahr ohne nennenswerte Behinderung der Atmung verbracht. Sorge macht ihm jetzt nur noch, dass da etwas im Bauch nicht stimmt, er weiß nicht, was es ist, und fragt Nuuna am Ende des Briefes, was wohl eine Darmoperation kosten mag: *Mensch, komm bloß her.*

Sie verkomme ganz ohne ihn, bekennt Nuuna im Mai 1934 und gibt die Hoffnung, dass Tucholsky sich überwinde und doch noch zu ihr ziehe, nicht auf. Es muss ja nicht Zürich sein, sagt sie, sie könnten sich genauso gut ein Häuschen in der Nähe suchen. »Ach, Fritzchen«, schreibt sie, »so möchte ich eigentlich nicht gern weitermachen. Ich finde es auch so idiotisch: Du auf Deiner Seite, ich auf meiner. Wenn wir zusammen waren, wars doch trotz allem gut. Aber das ist ja das alte Lied, ich weiß, ich weiß. Du hast ja den Männerstolz.«

Nuuna hofft sogar, dass er sie heiratet. Natürlich sagt sie es nicht direkt. Und holt sich trotzdem gleich eine Abfuhr: *Ach, Nuunchen, mit der Heiraterei …* Du *bist so dumm, daß man damit ganze Universitäten versorgen könnte.*

Er traut sich ja kaum noch unter Leute, und außerdem denkt er nicht daran, von ihrem Geld zu leben. Er nimmt sich am 27. Oktober 1934 viel Zeit, um ihr die Pläne auszureden: *Es ist gegen die Natur, daß ein Mann herumsitzt und nichts taugt oder daß er nur halb taugt, wie ich es täte, wenn ich in diesem Zustand irgend etwas anfinge, und es ist doppelt gegen die Natur, wenn die Frau verdient und so den Haushalt bestreitet.*

Das alles will er nicht. Er will nicht *eine so nette Sache an meiner Unzulänglichkeit kaputt gehen lassen. Und sie ginge kaputt.* Da ist er sich ganz sicher, denn er ist müde von alledem, *und daher kommt dieser völlige Mangel an Zutrauen.*

Nuuna ist machtlos gegen diesen Starrsinn. Sie kann ihm entgegenhalten, dass sie trotz Krankheit von ihm mehr Freude, Vergnügen und Nettigkeit empfangen habe als von allen anderen Männern, die sie kenne. Dass sie sich bei ihm zu Hause fühle und vor ihm mehr Respekt habe als vor der Mehrzahl ihrer Mitmenschen. Umsonst. Sie stimmt ihn nicht um. »Ich hoffe«, erklärt sie resigniert, »daß Du doch mit der Zeit noch zu meiner Ansicht kommst.«

»Du sollst nicht bedrückt sein«, schreibt Nuuna im Mai 1934, »es liegt kein ernsthafter Grund vor, ich habe Dir das schon des öftern gesagt, aber Männer sind ja so kompliziert. Es ist alles ohne große Umstände so einzurichten, daß Du ruhig die Zeit absitzen kannst, bis Du die schwedische Nationalität hast ... Also warum sollst Du Dich quälen? Wenn Du wieder schreibst, so hast Du auch wieder ein Publikum. Du glaubst ja nicht, wie man wartet auf etwas, was *nicht* aus dem III. Reich kommt!«

Das hat ihm auch Walter Mehring schon gesagt. Er fände es »garnicht philosopfisch«, wenn Tucholsky so intensiv schweige. »Solln denn nur noch die von jedem Charme und jeder Scham verlassenen, alleinlinksseligmachenden Puritaner schreiben?«

Doch die Fragen erreichen Kurt Tucholsky nicht mehr. Er hält es für sinnlos, jetzt noch zu publizieren. Wo denn auch? Die Emigrantenzeitschriften hält er für *Käseblätter.* Er ist mit allem fertig. Auch der Gedanke, mit der Rückkehr zur Publizistik wenigstens ein bisschen Geld zu verdienen, kann daran nichts ändern. Mit dem Verbot seiner Bücher endeten ja auch schlagartig seine Einnahmen. Seitdem lebt Kurt Tucholsky von den finanziellen Reserven. Ende 1933 löst er seine Lebensversicherung auf und deponiert 12 000 Schweizer Franken auf seinem Züricher Konto. Davon überweist ihm Nuuna 9 500 Franken nach Göteborg, für den Rest kauft sie Wertpapiere. Natürlich reicht das Geld nicht ewig. Freund Erich Danehl prophezeit 1933, Tucholsky werde sein gepflegtes Leben weiterführen, bis der letzte Pfennig ausgegeben sei, und sich dann umbringen. Auch Mary wird 1955 erklären: *Er war ein Herr. Er hätte ohne Geld in der Misere nicht leben können, soviel bedeutete das Leben ihm nicht. Er hatte Freude an schönen Dingen. Im Mief oder in einer kleinbürgerlichen Atmosphäre hätte er nicht atmen können.*

Schon Ende 1933 gibt es erste Schwierigkeiten. Ein paar unwesentliche Gewinne, die bei der schwedischen und französischen Lotterie erzielt werden, helfen ein kleines Stück weiter, doch im Frühjahr 1935 ist das Geld endgültig verbraucht. Von da an kann nur noch Nuuna helfen. Und Nuuna hilft. *Nun hast Du mir erlaubt*, schreibt ihr Tucholsky, *an Dein Konto zu gehen, was mir sehr, sehr schwerfällt. (Sag nichts – Nunchen, ich weiß alles – aber es ist unsagbar schwer. Doch. Ja. Doch.) Bisher habe ich das nicht getan. Wenn Du es erlaubst, möchte ich 500 Kronen herunternehmen.*

Am Ende werden es, wie das Testament es ausweist, 10 000 Schweizer Franken sein, die er ihr schuldet.

Ich habe manchissmal das Bedürfnis, mich mit Dir auszusprechen, aber wenn Dich das langweilt, so muß es nicht sein. Ich bilde mir auch gewiß nicht ein, von hier aus die Bolletik zu machen. Das schreibt ihr Kurt Tucholsky aus seiner schwedischen Einsamkeit am 28. März 1935. Er ist, will er sagen, auf das Gespräch angewiesen, auf einen Partner, der ihm zuhört, den es nicht kalt lässt, was er über Hitler, die Juden oder Kierkegaard denkt, den er zuletzt fasziniert liest. In Nuuna hat er die ideale Adressatin, eine Frau, die ihn liebt und die ihm gelegentlich auch zu verstehen gibt, wie süchtig sie nach seinen Briefen und den Blättern seines *Q-Tagebuchs* ist.

Hunderte Seiten hat er beschrieben und ihr geschickt, viel Schönes, Kluges, Trauriges, temperamentvoll formuliert, auch Verstörendes. Einmal, am 6. November 1935, mitten in seiner Kierkegaard-Lektüre, zitiert er eine Passage, die ihm den Witz des Philosophen veranschaulicht: »Mit den Frauen … ja, gewiß. Da soll ja vorgekommen sein, daß eine Zigeunerin ihren Mann das ganze Leben auf dem Rücken getragen hat, aber auf die Dauer ist doch das recht ermüdend. Für den Mann.« Haben die beiden Sätze sie amüsiert? Eine andere Erkenntnis Tucholskys, mitten in der Beilage zu einem Brief vom 3. März 1935 notiert, wird sie aber doch irritiert haben: *Das, woran sich Menschen seit sechstausend Jahren die Köpfe zerbrechen: daß Mann und Frau immer und immer eine Art Gegnerschaft bilden; daß sie sich nie, nie ganz und gar verstehen können; daß immer noch ein Rest bleibt; daß Liebe sich abnutzt, und zwar bei der Frau in einem andern Tempo als beim Mann …*

Nuuna hat im Sommer 1935, zwischen dem 10. Juni und 6. Juli, noch einmal in Hindas ihren Urlaub verbracht. Danach hofft sie, dass er sie in Zürich besucht. Das Berner Land will sie ihm zeigen. Aber dazu kommt es nicht mehr. Er bleibt in seiner Villa, von der er sich zwischendurch schon trennen wollte, und bittet stattdessen inständig, wenn auch vergebens Walter Hasenclever, ihm Gesellschaft zu leisten, denn er habe eine Aussprache sehr nötig: *Es ist nichts Besondres, ich habe Ihnen nichts vorzujammern, auf keinem Gebiete, sondern ich möchte mich mal richtig mit Ihnen über die Welt ausquatschen, was mich viel mehr interessiert als alles Persönliche.*

Einmal noch wird Nuuna Hindas und die Villa Nedsjölund wiedersehen. Aber da lebt Kurt Tucholsky nicht mehr.

Abschiedsstimmung

Dunkle Tage in Hindas. Er ist noch einmal zu einer Untersuchung im Göteborger Krankenhaus gewesen, er fühlt sich nicht wohl, er klagt, weil die Magenbeschwerden nicht nachlassen. Die Zuversicht ist aufgebraucht. Alles riecht nach Abschied.

In diesem November 1935, am 20. oder 21., schreibt Kurt Tucholsky seinen letzten Brief an Mary. Man hat seit der Scheidung kaum voneinander gehört. Mary lebt in Berlin, lebt wieder unter ihrem unverdächtigen Mädchennamen Gerold, und er ist schuld. Schuld, dass sie es nicht aushielt mit ihm. Dass sie ging. Jetzt, zum Abschied, sagt er, was er bisher für sich behielt: Er hat versagt. Wenigstens das soll sie wissen.

Er tippt den Brief wie üblich auf der Maschine, nimmt einen Bleistift und korrigiert die wenigen Fehler, dann unterschreibt er mit Tinte und steckt die Blätter ins Kuvert. Auf dem Umschlag steht in Maschinenschrift, sie solle den Brief ungelesen vernichten, falls sie verheiratet oder ernsthaft gebunden sei. Er wolle ja nichts, und er wünsche ihr Glück. Er verschließt den Brief, schickt ihn aber nicht ab. Er hat ihn nicht datiert.

Immer wieder ist er mit seinen Gedanken bei Mary. *Die zweite Frau benimmt sich so sauber, daß ich mich schäme.* Das schreibt er schon Ende 1933 an Nuuna. *Ich habe nicht mal das Geld, ihr die Prozeßkosten zurückzuerstatten. Ich werde sie um Aufschub bitten.* Es geht um die Kosten, die die Scheidung mit sich brachte und an denen sich Tucholsky bisher nicht beteiligt hat. Mary drängt nicht. Im Gegenteil: Sie tut alles, um ihn zu schonen. ... *da ich nicht weiß*, erklärt sie ihm am 10. Februar 1934, *ob es Ihm vielleicht noch schwerer fällt, das Geld aufzubringen als mir, möchte ich nochmals klar und deutlich sagen: wenn es ihm schwer fällt, dann laß er es bitte sein, dann stottere ich weiter in Raten ab, es wird schon gehen. Ich möchte nur nicht haben, daß er glaubt, ich ziehe ihm das Fell über die Ohren.*

Die Angelegenheit ist ihm peinlich, deshalb bittet er am 25. Februar Nuuna, etwa *280 francs* an Mary zu überweisen, und entschuldigt sich bei Mary, weil es so wenig ist. Es ist doch sehr viel, antwortet sie am 11. März. *Hätte ihm gegenüber nie ein Wort darüber verloren, wenn es mit der linken Hand abmachen könnte.* Inzwischen jedoch ist ihr Bruder gestorben, und sie hat nun auch die Mutter zu versorgen.

Diese Noblesse, diese Selbstlosigkeit. Sie hoffe, schreibt Mary, dass er sich keine Opfer auferlegen musste. Aus seinem letzten Text, der in der *Weltbühne* stand, weiß sie, dass er noch immer nicht gesund ist. *Ich nehme also an, daß Er auch nicht arbeitet. Falls er inzwischen nicht die ganz reiche Partie gemacht hat, dürfte Ihn folgendes interessieren …* Und sie erzählt, dass *diverse Sachen* von ihm auf Schallplatten veröffentlicht wurden. Kriegt er dafür Tantiemen? *Reklame für Ihn, gut, aber ist das alles?*

Anfang April 1934 ist Mary in Bellagio am Comer See. Wenn sie etwas für ihn bestellen, ausrichten oder erledigen könne, würde sie es sehr gern tun, teilt sie ihm mit.

Tucholsky ist zerrissener denn je. Wochenlang, bis zum 29. September 1935, ist er mit Gertrude Meyer in Visby auf Gotland. Er genießt die Tage. Die Ostsee ist sein Meer. Derweil schickt er Briefe und Tagebuchseiten nach Zürich. Und träumt nachts von Mary.

Er habe Nuuna *furchtbar lieb*, schreibt er. Und: *Du bist meine Nuuna.* Plötzlich fragt er sich auch, ob sie nicht doch heiraten sollten (was Freund Erich Danehl im Januar 1936 in einem Brief an Mary bestätigt). Dann wieder, mitten im seitenlangen *Q-Tagebuch* vom 9. November 1935, ein Kierkegaard-Zitat: »Er liebte sie nicht – er sehnte sich nur nach ihr.« Wen meint er: Nuuna? Gertrude? Mary? Mary scheidet aus. Ihr gilt das Bekenntnis, das er schon zwei Tage zuvor mit krakeligen Zügen ins *Sudelbuch* geschrieben hat, sein Diarium für Einfälle, Bonmots und Wortspiele: *Ich habe nur eine Frau in meinem Leben geliebt, und ich werde mir nie verzeihen, was ich ihr angetan habe.*

Das *Sudelbuch*, am 11. Januar 1928, gleich nach seinem 38. Geburtstag und mit heimlicher Verbeugung vor dem bewunderten Georg Christoph Lichtenberg eröffnet, ist immer in Reichweite. Vorn, auf der ersten Seite, hat er vermerkt: *Unreines.* Mehr als eine Kladde soll das Ganze nicht sein, ein bisschen Gedächtnisstütze, stilistisches Probierfeld, ein Hilfsmittel, das den flüchtigen Gedanken, einen Dialogfetzen, eine Sentenz bewahrt zu eventuellem Gebrauch. Alles, was ihm notierenswert erscheint, wird rasch (und manchmal kaum entzifferbar) festgehalten, ohne Angabe von Tag, Monat und Jahr.

Ende 1935, wenn seine Gedanken wieder bei Mary sind, macht er jedoch eine Ausnahme. Auch der zweite Eintrag, der Mary betrifft, ist mit einem Datum versehen. Er stammt vom 9. Dezember: *Wenn sie von einem andern ein Kind hätte, könnte ich sagen: »Das ist mein Kind. Es ist, weil ich nicht da gewesen bin.« Und ich denke immerzu: Sie hat ein Kind.*

Die letzten Nächte, schreibt Kurt Tucholsky im Abschiedsbrief an Mary, hat er im Bett die Hand nach rechts ausgestreckt, und da war keiner. *Es ist dasselbe Bett, in dem zum letzten Mal mit ihm in der Nacht vom 2. zum 3. Dezember 1926 geschlafen hat, wo er gekommen ist, wie ein Tier, das etwas wittert – und hat, wie immer, richtig gewittert. Und jetzt sind es beinah auf den Tag sieben Jahre, daß weggegangen ist, nein, daß hat weggehn lassen – und nun stürzen die Erinnerungen nur so herunter, alle zusammen. Ich weiß, was ich in Ihm und an Ihm beklage: unser ungelebtes Leben.*

Er sieht sich wieder im Park Monceau, dort, wo er 1924 still seine Ankunft in Paris feierte, sieht sich, wie er nur vier Jahre später allein dasitzt, nun verlassen von Mary, traurig, *und ich war ganz dumpf und leer und gar nicht glücklich. Und so ist es denn auch geblieben.* Er weiß, wie viel Geduld er ihr abverlangt hat, *die Geduld, neben einem Menschen zu leben, der wie ewig gejagt war, der immerzu Furcht, nein, Angst gehabt hat, jene Angst, die keinen Grund hat, keinen anzugeben weiß …* Und er weiß auch: *Wenn Liebe das ist, was einen ganz und gar umkehrt, was jede Faser verrückt, so kann man das hier und da empfinden. Wenn aber zur echten Liebe dazu kommen muß, daß sie* währt, *daß sie immer wieder kommt, immer und immer wieder –: dann hat nur ein Mal in seinem Leben geliebt. Ihn.* Er hält Gerichtstag über sich selbst. *Hat einen Goldklumpen in der Hand gehabt und sich nach Rechenpfennigen gebückt; hat nicht verstanden und hat Dummheiten gemacht, hat zwar nicht verraten, aber betrogen, und hat nicht verstanden.*

Die Bilanz ist bitter. Er sitzt am Schreibtisch und denkt, was er schon einmal gedacht und geschrieben hat, damals, am Anfang, und er schreibt es nun wieder: *Es war wie Glas zwischen uns – ich war schuld.*

Die Welt geht ihn nichts mehr an, die Zuversicht ist verbraucht, der Mut zerrieben. Der Grund, zu kämpfen, sagt er, der Lebenssinn fehlt.

Das ist kaum geschrieben, da richtet sich Kurt Tucholsky noch einmal auf, für Momente kommt die Leidenschaft zurück, der Zorn, die alte Kampfeslust.

Knut Hamsun, einer seiner Hausgötter, dessen Bild er immer um sich hatte, den er bewunderte, mehr bewunderte als andere Schriftsteller, hat sich *gegen den wehrlosen, gequälten und gefangenen Carl von Ossietzky ausgesprochen. Darf ich für meinen Kameraden bei Ihnen eintreten?*

Am 14. Dezember 1935 macht Kurt Tucholsky der *National-Zeitung* in Basel dieses Angebot. Da *wird einer angegriffen, der es nicht verdient und der sich nicht wehren kann.* Ossietzky ist im KZ, und Hamsun, der große Hamsun hat ihn verhöhnt. Welche Enttäuschung, den bewunderten Erzähler im Lager der Nazis zu wissen. Kurt Tucholsky hat bisher zu allem, was sich seit 1933 ereignet hat, geschwiegen, jetzt muss er sprechen. Ein Aufsatz schwebt ihm vor, ungefähr sechs Maschinenseiten, ein Honorar will er dafür nicht haben. Am 17. Dezember fragt Tucholsky auch beim sozialdemokratischen *Arbeiderbladet* in Oslo an. Die Redaktion lehnt das Angebot am 19. Dezember dankend ab. Sie hat über den Fall schon berichtet und hält die Angelegenheit für »ausdiskutiert«.

Am 20. Dezember ein letzter Versuch, einen Artikel für Ossietzky unterzubringen. Adressat seines Schreibens ist *Det Norske Studentersamfund* in Oslo.

Der Brief liegt noch auf dem Tisch, wenn der leblose Kurt Tucholsky am Abend des 21. Dezember in seinem Bett entdeckt wird. Man bringt ihn gegen 18 Uhr ins Sahlgrensche Krankenhaus nach Göteborg. Dort stirbt er um 21.55 Uhr.

Im *Sudelbuch* steht der Satz: *Er ging leise aus dem Leben fort, wie einer, der eine langweilige Filmvorführung verläßt, vorsichtig, um die andern nicht zu stören.*

Anfang 1936 reist Hedwig Müller nach Hindas, um Gertrude Meyer bei der Auflösung des Hauses zu helfen. Sie bleibt sechs Tage, dann fährt sie zurück und macht Station in Berlin. Sie übergibt Mary den Abschiedsbrief, das *Sudelbuch*, die Totenmaske und das Testament Kurt Tucholskys.

Er hat Mary zu seiner Alleinerbin bestimmt. Gertrude, vermutlich schockiert, dass ihr so wenig gedankt wird, darf sich *Bücher oder sonstiges* aussuchen. Die 10 000 Schweizer Franken, die er *Fräulein Dr. Hedwig Müller, Zürich* schuldet, so bestimmt es das Testament, sind aus dem Nachlass zu bezahlen (was Mary auch tut). Ein Andenken für Nuuna ist nicht vorgesehen. Ursprünglich sollte sie zur Erinnerung einen Ring erhalten, aber den Passus hat Tucholsky, als er das Testament noch einmal modifizierte, gestrichen.

Die Entscheidung überrascht und lässt auf eine mögliche Abkühlung der Beziehung schließen. Offenbar hatte Tucholsky am Ende das Gefühl, dass sie an seinen Heiratswunsch nicht glaubte (wobei angesichts seiner widersprüchlichen Äußerungen kaum zu beurteilen ist, ob er wirklich vorhatte, Nuuna zu heiraten). Vielleicht enthielten die Briefe, die sie ihm in den letzten Wochen geschrieben hat, eine Erklärung, aber diese Briefe sind verschwunden.

Dass Nuuna verletzt war, ist kein Wunder. An Mary schrieb sie im Februar 1936, sie käme langsam zur Überzeugung, dass kleine Kinder doch die beste und amüsanteste Gesellschaft sind: »Wenigstens reproduzieren sie nicht die Tageszeitungen.«

Noch Mitte der Achtzigerjahre, als an seinen fünfzigsten Todestag erinnert wurde, glaubte man, Kurt Tucholsky sei am 19. Dezember 1935 in seinem Haus gefunden worden und am 21. gestorben. Die Ansicht, wie eine unumstößliche Tatsache gehandelt, nie bezweifelt, nie überprüft, geisterte durch alle Artikel und Bücher, die über ihn geschrieben wurden. Niemand kam auf die Idee, im Göteborger Krankenhaus mal nach den – immer noch vorhandenen – Unterlagen zu fragen. Erst Ende 1986 wurde dies nachgeholt, und siehe da: Die Akte nennt als Einlieferungstermin ins Hospital nicht den 19., sondern den 21. Dezember, und damit wurde, nebenbei, auch das Rätselraten über jenen Brief nach Oslo auf dem Schreibtisch Tucholskys beendet, der am 20. Dezember geschrieben wurde.

Seltsam: Gertrude Meyer hat doch die Tür zum Schlafzimmer aufbrechen lassen und Tucholsky entdeckt. Sollte sie sich tatsächlich im Datum (und gleich um zwei Tage) geirrt haben? Es ist höchst unwahrscheinlich, auch wenn sie immer betonte, dass alles schon so lange her sei. Sie sei im Krankenwagen, hat sie später berichtet, nach Göteborg mitgefahren und habe seine Hand gehalten. Es kann ihr unmöglich entfallen sein, dass Tucholsky noch am selben Abend starb und nicht erst am übernächsten Tag. Warum hat sie alle im Glauben gelassen, er sei schon am 19. Dezember ins Spital gebracht worden?

Gertrude Meyer hat sich, als immer dringlicher nach den Geschehnissen in jenen Tagen gefragt wurde, in Widersprüche und Ungereimtheiten verwickelt.

Sie hat auch von einem Zettel erzählt, auf dem Tucholsky in französischer Sprache bat, ihn in Ruhe sterben zu lassen. Kein anderer hat dieses Blatt je gesehen. Ihr Verhalten ist rätselhaft. Vielleicht wusste sie von Tucholskys Überlegungen, seine Villa, *die alte Kiste*, aufzugeben, Hindas zu verlassen und zu Nuuna zu ziehen. Sie liebte ihn. Möglich, dass sie, weil der lebende Tucholsky unerreichbar für sie blieb, da er auf ihre Heiratswünsche nicht einging, den toten Tucholsky für sich beanspruchte. Sie suchte die Grabstelle in Mariefred aus, wo die Urne am 11. Juli 1936 beigesetzt wurde, sie erledigte die Formalitäten, und sie behielt auch alle Andenken, die in der Villa Nedsjölund blieben.

Als Mary sie nach Kriegsende bat, das Erbe herauszugeben, fand die Bitte kein Gehör. Auch im September 1950, als Mary nach Hindas fuhr, kam sie mit leeren Händen zurück. Gertrude betrachte alles, schrieb sie, als ihr Eigentum, das sie eifersüchtig hüte. Sie ließ die Besucherin deshalb auch nicht in die Wohnung. Erst im Frühjahr 1952 schickte Gertrude Meyer einen großen Teil der Tucholsky-Habe ins Archiv nach Rottach-Egern.

Alles liegt im Dunkeln. War es Selbstmord oder ein Tod aus Versehen? Kurt Tucholsky war von Barbituraten abhängig, die er gegen seine Schlaflosigkeit nahm. Denkbar, dass er sich bei der Dosierung irrte. Die Mordversion, die als dritte Möglichkeit in Erwägung gezogen wurde, entbehrt jeder Grundlage. Es gibt keine Anhaltspunkte, die diese These stützen könnten.

Sicher ist nur dies: Kurt Tucholsky war krank und müde, lebensmüde. Die Frau, die er liebte und mit der er nicht leben konnte, verloren, das Buch, das er im Kopf mit sich herumtrug, ungeschrieben, die finanziellen Mittel erschöpft und keine Aussicht auf ein Deutschland ohne Nazis.

Er hat schon einmal, Anfang der Zwanzigerjahre, versucht, sich umzubringen. Suizid war für ihn, wie auch das *Sudelbuch* offenbart, nichts, was außerhalb seines Denkvermögens lag: *(Selbstmord) Er ist vor sich selbst weggelaufen – nun hat er sich eingeholt.*

Nur: Warum hat er sich nicht auch von Nuuna verabschiedet, der *lieben Frau von der Geduld*? Ohne ihren Zuspruch, ihre Herzenswärme, ihre Liebe, ihre eindringliche, behutsame Art, seine Verzweiflung zu mildern, hätte er die letzten Jahre kaum überstanden. Und was ist mit Fritz, seinem Bruder, dem er zuletzt mehrmals schrieb (und der Anfang 1936 in den USA bei einem Verkehrsunfall ums Leben kam)? Auch für Erich Danehl und Walter Hasenclever, die besten Freunde, hatte er kein letztes Wort. Dabei muss er, wie der – um den 20. November geschriebene – Brief an Mary bezeugt, schon lange, mindestens seit einem Monat, mit dem Gedanken gespielt haben, aus dem Leben zu gehen.

Und doch gibt es nicht einmal am 19. und 20. Dezember irgendeinen Hinweis aufs nahe Ende. Im Gegenteil: Im letzten Absatz der Briefbeilage, die an beiden Tagen geschrieben wurde, erwähnt Tucholsky wieder den geplanten Aufsatz über Hamsun und Ossietzky, den man in Oslo nicht mehr haben will. *Schade*, resümiert er. *Ich berichte dann weiter; ich muß mal sehn, ob man nicht doch etwas drehn kann.*

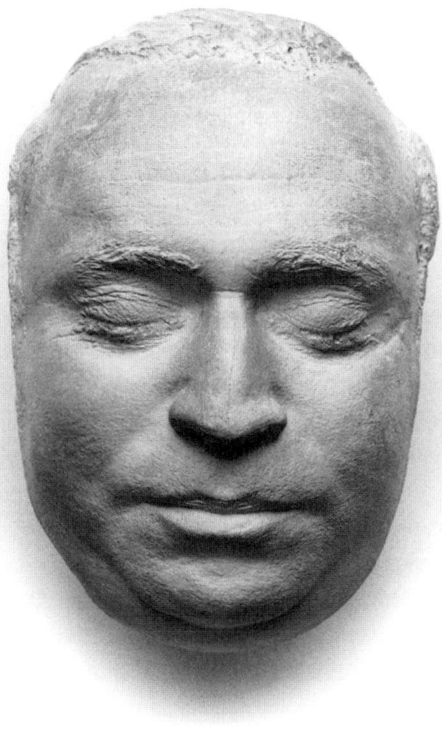

Totenmaske von Kurt Tucholsky

Das Lebenswerk

Mary ist sechsundvierzig Jahre alt, als der Krieg zu Ende ist. Kurt Tucholsky wäre fünfundfünfzig. Er ist ein Unbekannter in Deutschland, verfemt, vergessen, seine Bücher vernichtet, jedes Andenken gelöscht. Es gibt keine Bibliothek, die alle Jahrgänge der *Weltbühne* besitzt.

Mary hat Kopf und Kragen riskiert, um die Briefe zu retten, die Tucholsky ihr schrieb. Sie hat sie zwischen schmutziger Wäsche vor der Gestapo versteckt, und sie hat sie später mitgenommen, wenn die Sirenen heulten und die Hausbewohner in den Luftschutzraum mussten. Sie sind das Einzige, was ihr von ihm blieb, der Grundstock ihres Archivs, das sie einmal schaffen wird.

Seit zwölf Jahren ist sie wieder Mary Gerold, eine Baltin in Berlin, beschäftigt noch immer in der Firma Paul Pittius, Steindruckerei und Luxus-Karten-Fabrik, in der sie schnell unentbehrlich geworden ist, gerühmt für ihren rastlosen Einsatz und ihre vorbildliche Arbeit. 1936 ist sie die Prokuristin des Chefs geworden, sie verhandelt mit Behörden, führt die Hauptkasse, bilanziert die Geschäfte, sie kümmert sich um den Export und die Kundschaft im Ausland, darunter in Lettland, Litauen und Estland. Sie bleibt auch nach 1945 noch einige Zeit, dann wechselt sie zu Ernst Rowohlt, der auch der Verleger Kurt Tucholskys war und 1946 im Ostteil Berlins eine Dependance gründet. Als seine »handlungsbevollmächtigte Vertreterin« agiert sie »völlig selbständig« und »mit außerordentlichem Geschick«, wie Rowohlt in einem Zeugnis 1952 bekundet, erledigt die fälligen Büroarbeiten und hält den Kontakt vor allem zur Papierverteilungsstelle, wobei dem Verlag zugute kommt, dass sie russisch spricht.

Mary ist noch in Berlin, als bei Rowohlt 1946 die ersten Tucholsky-Titel erscheinen: der Dreihundert-Seiten-Band *Gruß nach vorn*, eine Auswahl aus den Schriften und Gedichten, die Erich Kästner besorgt hat und mit einer Erinnerung an den Kollegen beschließt, und, im großformatigen Zeitungsdruck für lediglich fünfzig Pfennig verkauft, *Schloß Gripsholm*, verbreitet in hunderttausend Exemplaren. Es ist der Beginn einer Wiederkehr, die bald triumphale Züge annehmen wird.

Das Zentrum aller Tucholsky-Beschäftigung wird Rottach-Egern. Dort, von den belebten Straßen am Ufer des Tegernsees weit genug entfernt, in einem hinter Hecken versteckten Haus am Fuß des Wallbergs, wird das Archiv entstehen. Vorerst freilich, wenn Mary sich einrichtet, ist nichts da, was sich erfassen und ordnen ließe. Es gibt keinen Nachlass, keine Manuskripte, keine Fotos, keine Briefe, nichts Gedrucktes. Die umfangreiche Bibliothek, die Tucholsky in Hindas besaß, ist aufgelöst und versteigert worden. Mit beinahe leeren Händen steht Mary da und ohne nennenswerte finanzielle Mittel. Sie muss alles allein machen und wird jetzt und in Zukunft auch alles aus eigener Tasche bezahlen, ohne jede öffentliche Förderung.

Aber da ist auch ein Auftrag. Niemand hat ihn formuliert und sie damit betraut. Die Aufgabe stellt sie sich selber. Sie will das so lange unterdrückte, das verbannte Erbe aufspüren und unter diesem oberbayerischen Dach versammeln. Es scheint, ein paar Jahre nach dem Krieg, fast illusorisch. Aber etwas anderes wird es in ihrem Leben nicht mehr geben.

Sie fängt bescheiden an. Vermietet zwei Zimmer ihres Hauses. Setzt sich an die alte Schreibmaschine und verfasst Brief um Brief. Forscht nach den alten Freunden, Kollegen und Kampfgefährten Tucholskys, bittet sie zu sich, fragt sie aus, jede Kleinigkeit ist wichtig, jede Auskunft, die sie einen Schritt weiterbringt. Sie studiert Antiquariatslisten und Auktionsangebote, streckt ihre Fühler weit aus, hat nicht nur den deutschen Sprachraum, nein, hat die Welt im Blick, geht jedem noch so vagen Hinweis nach, der sie auf eine Spur bringen könnte, der irgendein Fundstück verspricht. Sie lässt nicht locker, scheut keine Mühe und schafft mit ihrem Jagdinstinkt, ihrem Organisationstalent und viel Glück das Unglaubliche: Im Lauf der Jahre füllen sich die Regale und Schubkästen im Haus. Buch um Buch findet sich ein, mal die Erstausgabe eines Tucholsky-Bandes, mal ein Heft oder ein Jahrgang der *Weltbühne*, eine Ausgabe der *Vossischen Zeitung*, eine Nummer der AIZ, mal ein Brief oder eine Schallplatte mit Tucholsky-Texten oder -Chansons. Gesammelt wird alles, was Tucholsky geschrieben hat und was andere über ihn geäußert haben, die vielen Bücher, die er besprochen hat, Ankündigungen seiner Lesungen und öffentlichen Auftritte, Programmzettel, Plakate, Fotos, fremdsprachige Ausgaben, Exemplare in Blindenschrift, Berichte, Reportagen, Rezensionen, Tonbänder, alles, was in irgendeiner Weise mit Tucholsky zu tun hat.

Im Mai 1933 wurden die Bücher meines Mannes öffentlich verbrannt. Mein Mann lebte im Ausland, ich war in Berlin beruflich tätig. Durch die politischen Verhältnisse gezwungen, ließen wir uns scheiden, denn ich konnte mir meine Existenz nur dadurch halten, dass ich den Namen Tucholsky aufgab und meinen Mädchennamen Gerold annahm.

Im Frühjahr 1954 beantragt Mary im Standesamt Berlin-Schöneberg, wieder den Namen Tucholsky führen zu dürfen. Das Landratsamt Miesbach, an das sie verwiesen wird, gibt ihrem Antrag statt. Auf Briefbögen und den Titelblättern der neuen Tucholsky-Ausgaben nennt sie sich allerdings schon lange Mary Gerold-Tucholsky.

1950 hat sie für den Rowohlt Verlag das erste Buch zusammengestellt: *Na und –?*, eine neue Auswahl, Feuilletons, Impressionen aus Paris, ein paar *Lottchen-* und *Wendriner-*Geschichten, Gedichte. Sie zeigt die Vielseitigkeit Tucholskys, den Humoristen, den Reisenden, den Buchkritiker, den politischen Publizisten, den charmanten Chansonnier. »Man muß schon bis auf Heine und Lichtenberg zurückgehen, wenn man ihm gerecht werden will«, schreibt Werner Schendell im Nachwort.

Noch weiß man wenig über Tucholsky, sein Leben, seine Leistungen, sein Ende. Die elf eng bedruckten Seiten am Schluss des Bandes sind, nach Kästners Text von 1946, ein Anfang, den Mann mit den »fünf PS« aus dem Dunkel zu holen. Weitere Auswahlbände folgen rasch: 1952 *Zwischen gestern und morgen*, 1953 *Und überhaupt …*, 1954 *Panter, Tiger und Co.*

Ohne Marys Einsatz, ihre Energie, ihren detektivischen Spürsinn, ihre hinter kühler Fassade lodernde Leidenschaft hätte es das alles nicht gegeben: nicht die Bücher und nicht die Faszination, in die eine breite Leserschaft gleich gerät. So populär wie in den Fünfziger-, Sechzigerjahren ist Kurt Tucholsky zu Lebzeiten nie gewesen. *Rheinsberg* und *Schloß Gripsholm*, *Ein Pyrenäenbuch* und die anderen Bände, in hohen Auflagen gedruckt, finden reißenden Absatz. Eine Auflage folgt der anderen, die Gesamtauflage geht bald in die Millionen. Früher, als Tucholsky noch lebte, waren von seinen Büchern insgesamt 306 500 Exemplare verbreitet. Übersetzt war keines.

Sie selber bleibt im Hintergrund, eine Frau ohne Geschichte. Das Gehabe mancher Dichterwitwen, oft genug bespöttelt, ist ihr vollkommen fremd. Sie verweigert jede Auskunft über sich. Einladungen, über Tucholsky zu sprechen, lehnt sie ab. Mit mehr als dem Rat, ihn zu lesen, kann sie nicht dienen. Ihre Diskretion geht sogar so weit, dass sie ernsthaft erwägt, Tucholskys Briefe an sie zu vernichten. Sie ist nur mühsam davon abgebracht worden.

Sie arbeitet oft sechzehn Stunden am Tag, tippt noch in der Nacht ihre Briefe und Karten, verhandelt, telefoniert, sammelt, hilft jedem, der sie um Unterstützung bittet. Ohne sie und ihr Haus im Roßwandweg kommt keiner, der sich dem Schriftsteller nähern will, aus. Da gibt es alles, was einer braucht, der eine Seminararbeit, eine Dissertation oder nur einen Aufsatz zu schreiben hat. Mary schickt Bücher, kopiert Zeitungsartikel, lädt ein in ihr stilles Refugium. Kommen Sie doch her, schreibt sie, wenn die Neugier eines Fragestellers sich brieflich nicht mehr bewältigen lässt.

Oben in ihrem Haus wohnen die Gäste, Studenten aus allen Ecken Europas, Professoren aus Japan, Doktoranden aus den USA. Sie genießen hier für Tage oder auch Wochen Wohnrecht, schöner und bequemer können sie es nicht haben. Sie beugen sich über alte *Weltbühnen*-Jahrgänge, sie blättern im *Ulk*, sie lesen, machen sich Notizen, und wenn sie Fragen haben, steigen sie hinunter ins Erdgeschoss und konsultieren die Hausherrin.

Sie weiß alles. Mancher kann es nicht glauben. Einmal, erzählt Roland Links, der eine Tucholsky-Ausgabe ediert hat, beschlossen sie, Mary auf die Probe zu stellen. Sie legten ihr Texte von Kurt Hiller und Siegfried Jacobsohn vor und fragten: Wann hat Tucholsky das geschrieben? Und wo steht das? Sie hatten keine Chance. Das soll Tucholsky geschrieben haben?, fragte sie bloß. Wie kommen Sie denn darauf?

Nur was jenseits des Werks liegt, hatte nicht zu interessieren. Dass es auch andere Frauen im Leben Tucholskys gab, konnte man sich als Leser der Liebesgedichte oder seiner heiteren, erotisch prickelnden Prosastücke zwar denken, aber Gewissheiten waren nicht zu haben. Auch die frühen Biografen, die ums Jahr 1960 in schmalen Büchlein Tucholskys Geschichte erzählen, wissen nichts. Else Weil kommt nicht einmal bei Klaus-Peter Schulz vor, der für Rowohlt eine Bildmonografie verfasst, die bis in die Neunzigerjahre im Programm bleibt. Schulz verkehrt freundschaftlich mit Mary, doch mehr als nötig erfährt er nicht. Allein Fritz J. Raddatz weiß mehr, mehr jedenfalls als andere. Er hat für den Ostberliner Verlag Volk und Welt vier Bände einer Tucholsky-Auswahl ediert, eine legendäre Reihe in der fantastischen Ausstattung von

Werner Klemke, ist mit dem fünften Band an der Zensur gescheitert, hat die DDR im Dezember 1958 schließlich verlassen und sich unter das Dach Mary Tucholskys in Rottach-Egern geflüchtet. Raddatz ist ihr »Fürst«, der Mann, dem sie am meisten vertraut und mit dem sie von nun an beinahe alles herausgeben wird, was unter dem Namen Tucholsky erscheint, darunter, 1960 und 1961, die erste Gesamtausgabe, drei starke Dünndruckbände, die 1962 noch mit einer Briefauswahl komplettiert werden. Nebenbei schreibt Raddatz eine Biografie, die der Kindler Verlag, üppig mit Fotos garniert, 1961 herausbringt, das schönste und bestinformierte Buch für lange Zeit. Aber auch hier bleiben Lücken und weiße Flächen. Es gab viele Frauen, schreibt Raddatz, denen Tucholsky Zärtlichkeit und Begehren entgegenbrachte, Respekt und Zuneigung. Er sagt es mit Nachdruck, muss sich jedoch mit der summarischen Feststellung begnügen. Die ganze Geschichte kennt damals auch er nicht.

Die Frage kommt von ganz allein, und sie kommt früh: Was soll aus dem Archiv einmal werden, später, wenn die Kräfte nachlassen? Wenn Mary ihre Aufgabe als erledigt ansehen kann? Im Sommer 1960 äußert sie erstmals den Wunsch, ihr Lebenswerk nach Marbach zu geben, ins Deutsche Literaturarchiv. 1969 wird von ihr und Fritz J. Raddatz die Kurt-Tucholsky-Stiftung gegründet und zur alleinigen Erbin bestimmt.

Da ist sie freilich noch hellwach und geht wie gewohnt ihrem Tagewerk nach, sie reist und schickt von unterwegs Karten, meist auf ihrer Maschine geschrieben, die sie mitgeschleppt hat. Sie macht auf irgendeinen Artikel aufmerksam, fragt nach diesem und jenem, spricht von sich selber nie. Ist sie im Urlaub oder wieder auf der Jagd? Welche Frage: Auch wenn sie Ferien macht, ist sie »im Dienst«, fleißig, ernst, besessen, zum Abschalten und Ausspannen nicht zu bewegen.

Das geht noch lange so. Erst mit fünfundachtzig zieht sich Mary zurück. Es ist alles geregelt. Das Archiv, ein Millionenwert, geht als Schenkung nach Marbach. Dort staunt man, mit welchem Geschick, welcher Akkuratesse und Systematik sie ihre Sammlungen aufgebaut und erschlossen hat. Im Lauf der Zeit hat sie die Belege aller rund 2 500 Veröffentlichungen Tucholskys zusammengetragen und in einer lückenlosen Bibliografie erfasst. Alles ist da, die Hefte der *Schaubühne* und *Weltbühne*, sämtliche Buchveröffentlichungen, vieles, was verschollen schien, das gesamte Werk Kurt Tucholskys. Nach und nach wandert es vom Roßwandweg in Rottach-Egern zur Schillerhöhe in Marbach.

Die letzten Jahre verbringt Mary in einem Seniorenheim in Kreuth. Dort stirbt sie, 89 Jahre alt, am 16. Oktober 1987. Man gibt ihr den Band *Unser ungelebtes Leben* mit ins Grab, die Sammlung der Briefe, die sie von Tucholsky erhalten hatte.

Auf dem Stein stehen die Worte: »… hat nur ein Mal geliebt in seinem Leben« – Kurt Tucholsky.

Nachsatz

Es ist wie in anderen Fällen auch: Wer über Kurt Tucholsky schreibt, steht auf den Schultern vieler. Nach den ersten biografischen Darstellungen, die sich in den späten Fünfzigerjahren um ein Bild des Schriftstellers bemühten, verging viel Zeit, ehe auch der Mann hinter dem Werk sichtbar wurde. Vor allem die Arbeiten von Fritz J. Raddatz, immer noch der intimste Kenner von Autor und Werk, Gerhard Zwerenz, Michael Hepp und Beate Schmeichel-Falkenberg, denen der Autor dankbar verpflichtet ist, haben dafür gesorgt, dass wir heute seine Lebensumstände genauer kennen. Dazu gesellt sich inzwischen die große, ehrgeizige Gesamtausgabe der Texte und Briefe mit ihrem umfangreichen und vorzüglichen Kommentar, von manchem als Tucholskys Sargdeckel bezeichnet, aber für jede ernsthafte Beschäftigung mit dem Autor unentbehrlich. Ihr reicher Anhang, der neben den peniblen Erläuterungen zu den Texten auch Zitate aus Erinnerungen und Briefen an Tucholsky bringt und vor allem einen Blick in die unveröffentlichten und gesperrten Tagebücher und Briefe Mary Tucholskys erlaubt, macht diese vielbändige Edition zu einem Ereignis. Die vorliegenden Seiten wären ohne den Fleiß, die Kenntnisse, die Energie der Herausgeber und Bandbearbeiter nicht denkbar.

Die Zitate aus Briefen und Texten wurden so übernommen, wie sie überliefert sind. Die orthografischen Eigenheiten, die sich nicht zuletzt in der Privatsprache Tucholskys zeigen, blieben grundsätzlich bewahrt.

Ausgewählte Literatur

Kurt Tucholsky: Gesamtausgabe Texte und Briefe, hg. von Antje Bonitz/Dirk Grathoff/Michael Hepp/Gerhard Kraiker, Reinbek b. Hamburg 1996ff.

Kurt Tucholsky: Gesammelte Werke, Bd. 1–10, hg. von Mary Gerold-Tucholsky und Fritz J. Raddatz, Reinbek b. Hamburg 1975.

Kurt Tucholsky: Unser ungelebtes Leben. Briefe an Mary, hg. von Fritz J. Raddatz, Reinbek b. Hamburg 1982.

Kurt Tucholsky: »Liebe Winternuuna, liebes Hasenfritzli«. Ein Zürcher Briefwechsel, hg. von Gustav Huonker, Zürich 1990.

Kurt Tucholsky: Die Q-Tagebücher 1934–1935, hg. von Mary Gerold-Tucholsky und Gustav Huonker, Reinbek b. Hamburg 1978.

Kurt Tucholsky: Briefe aus dem Schweigen 1932–1935. Briefe an Nuuna, hg. von Mary Gerold-Tucholsky und Gustav Huonker, Reinbek b. Hamburg 1977.

Michael Hepp: Kurt Tucholsky. Biographische Annäherungen, Reinbek b. Hamburg 1993.

Helga Bemmann: Kurt Tucholsky. Ein Lebensbild, Berlin 1990.

Fritz J. Raddatz: Tucholsky. Ein Pseudonym, Reinbek b. Hamburg 1989.

Gerhard Zwerenz: Kurt Tucholsky. Biographie eines guten Deutschen, München 1979.

Sunhild Pflug: Dr. med. Else Weil (1889–1942). Auf den Spuren von Kurt Tucholskys Claire aus »Rheinsberg«, Berlin 2008.

Stefanie Oswalt: »Eine bessere Zeit, und meine ganze Jugend.« Kurt Tucholsky und Else Weil in Rheinsberg (1911), in: Irene A. Diekmann (Hg.): Jüdisches Brandenburg. Geschichte und Gegenwart, Berlin 2008, S. 553–563.

Beate Schmeichel-Falkenberg: Lisa Matthias und Gertrude Meyer – Bausteine zu ihrer Biographie, in: Michael Hepp/Roland Links (Hg.): Schweden – das ist ja ein langes Land!, Oldenburg 1994, S. 37–58.

Lisa Matthias: Ich war Tucholskys Lottchen. Text und Bilder aus dem Kintopp meines Lebens, Hamburg 1962.

Bildnachweis

bpk – Bildagentur für Kunst, Kultur und Geschichte: S. 8, 14, 120
Deutsches Literaturarchiv Marbach: S. 33, 49, 53, 85, 90, 153
Kurt Tucholsky Literaturmuseum, Rheinsberg: S. 57

Personenregister